CB063015

Meu livro de Orações

TURMA DA mônica

Pe. Luís Erlin | Mauricio de Sousa

EDITORA AVE-MARIA

MAURICIO DE SOUSA EDITORA

Dados Internacionais De Catalogação Na Publicação (CIP)
(Câmara Brasileira Do Livro, SP, Brasil)

Erlin, Luís
  Meu livro de orações : Turma da Mônica / Luís Erlin;
ilustrações de Mauricio de Sousa. –
São Paulo: Ave-Maria, 2015.
88 p. : il., color.

ISBN: 978-85-276-1604-1

1. Orações 2. Evangelização infantil I. Título II. Sousa, Maurício de

15-0524   CDD 248.82

Índices para catálogo sistemático:
1. Orações

5ª reimpressão - 2024

Editora Ave-Maria

Diretor-presidente
Luís Erlin Gomes Gordo, CMF

Diretor Administrativo
Rodrigo Godoi Fiorini, CMF

Gerente Editorial
Áliston Henrique Monte

Editor Assistente
Isaias Silva Pinto

Preparação e Revisão
Isabel Ferrazoli e Ligia T. Pezzuto

Produção gráfica
Carlos Eduardo P. de Sousa

Impresso na China

Estúdios Mauricio de Sousa

Presidente: Mauricio de Sousa

Diretoria: Alice Keico Takeda,
Mauro Takeda e Sousa, Mônica S. e Sousa

Mauricio de Sousa é membro
da Academia Paulista de Letras (APL)

Direção de Arte
Alice Keico Takeda

Diretor de Licenciamento
Rodrigo Paiva

Gerente Editorial
Sergio Alves

Editor
Sidney Gusman

Assistente Editorial
Lielson Zeni

Adaptação de Textos e Layout
Robson Barreto de Lacerda

Revisão
Ivana Mello

Editor de Arte
Mauro Souza

Coordenação de Arte
Irene Dellega, Nilza Faustino

Assistente de Departamento Editorial
Anne Moreira

Desenho
Emy T.Y Acosta

Arte-final
Clarisse Hirabayashi, Romeu Takao Furusawa

Cor
Giba Valadares, Kaio Bruder,
Marcelo Conquista, Mauro Souza

Designer Gráfico e Diagramação
Mariangela Saraiva Ferradás

Supervisão Geral
Mauricio de Sousa

EDITORA AVE-MARIA
CLARET PUBLISHING GROUP

Texto © 2015 Pe. Luís Erlin
e Editora Ave-Maria. All rights reserved.

Rua Martim Francisco, 636 – 01226-002
São Paulo, SP – Brasil
Tel.: (11) 3823-1060
Televendas: 0800 7730 456
editorial@avemaria.com.br
comercial@avemaria.com.br
www.avemaria.com.br

MAURICIO DE SOUSA EDITORA

Condomínio E-Business Park
Rua Werner Von Siemens, 111
Prédio 19 – Espaço 01 - Lapa de Baixo –
São Paulo/SP - CEP: 05069-010
TEL.: +55 11 3613-5000

Ilustrações © 2015 Mauricio de Sousa
e Mauricio de Sousa Editora Ltda.
Todos os direitos reservados.
www.turmadamonica.com.br

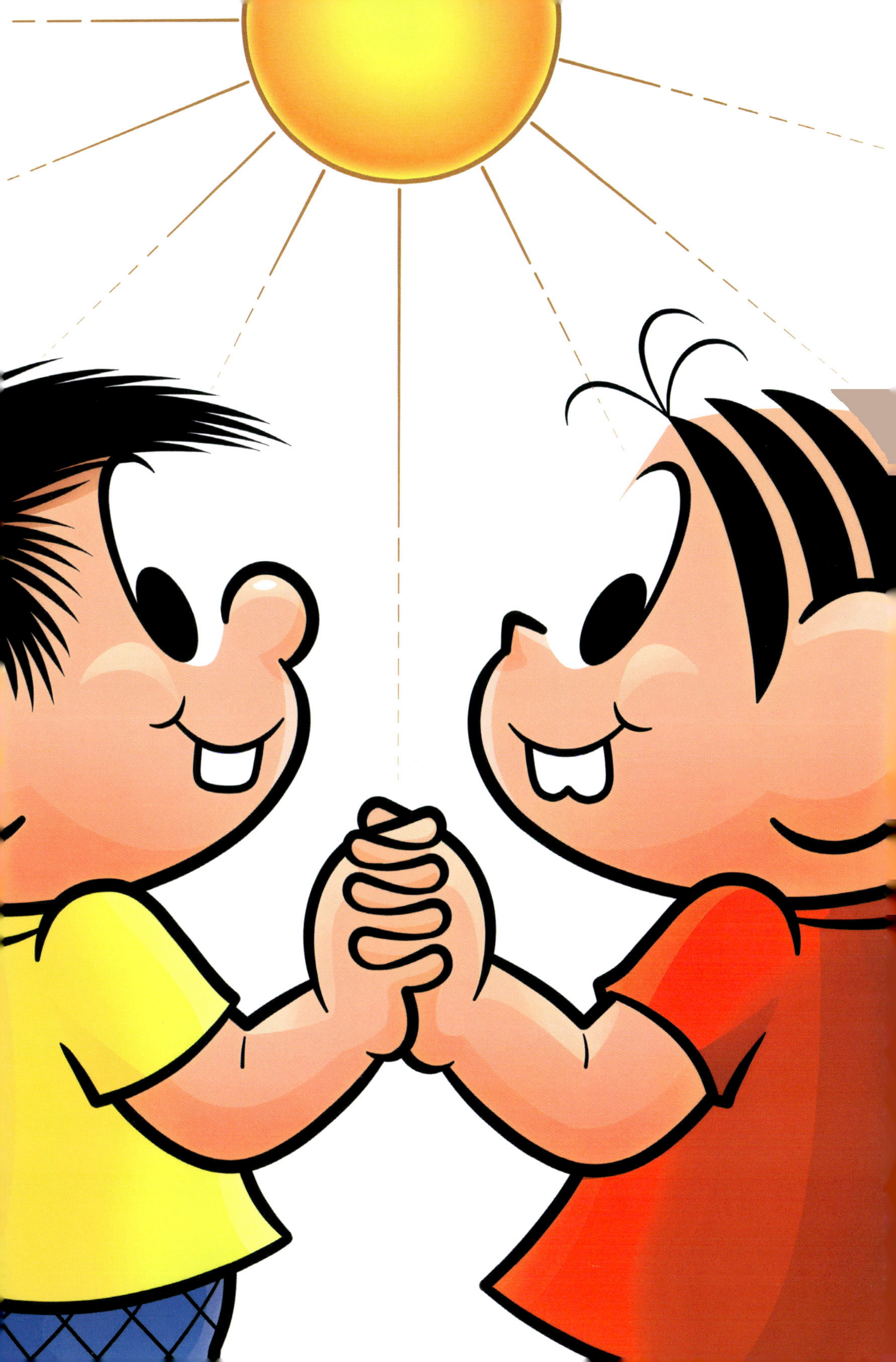

Sumário

Apresentação 7

Oração da manhã... 9

Oração antes das refeições 11

Oração da noite 13

Oração pela minha família.. 15

Oração pela união da minha família 17

Oração pelo meu pai 19

Oração pela minha mãe 21

Oração pelos meus irmãos 23

Oração pelos meus avós 25

Oração por aqueles que cuidam de mim............................. 27

Oração pelos meus amigos.. 29

Oração pelos professores... 31

Oração antes dos estudos.. 33

Oração antes de uma prova escolar 35

Oração antes de ler a Bíblia... 37

Oração pela Igreja 39

Oração por aqueles que ensinam a fé.................................. 41

Oração pela minha vocação... 43

Oração pedindo fidelidade a Deus – a exemplo de Maria 45

Oração ao Anjo da Guarda 47

Oração a Deus Pai 49

Oração a Jesus Cristo 51

Oração ao Espírito Santo 53

Oração pela paz 55

Oração diante do sofrimento 57

Oração no momento da doença 59

Oração por alguém doente 61

Oração nos momentos de perseguição 63

Oração para quando eu estiver triste 65

Oração para pedir perdão 67

Oração diante do perigo 69

Oração para quando eu sentir medo 71

Oração pedindo proteção 73

Oração de confiança 75

Oração de esperança 77

Oração pedindo a graça de amar 79

Oração pelos falecidos 81

Oração pela natureza 83

Oração pelos que lutam por um mundo melhor 85

Oração de agradecimento 87

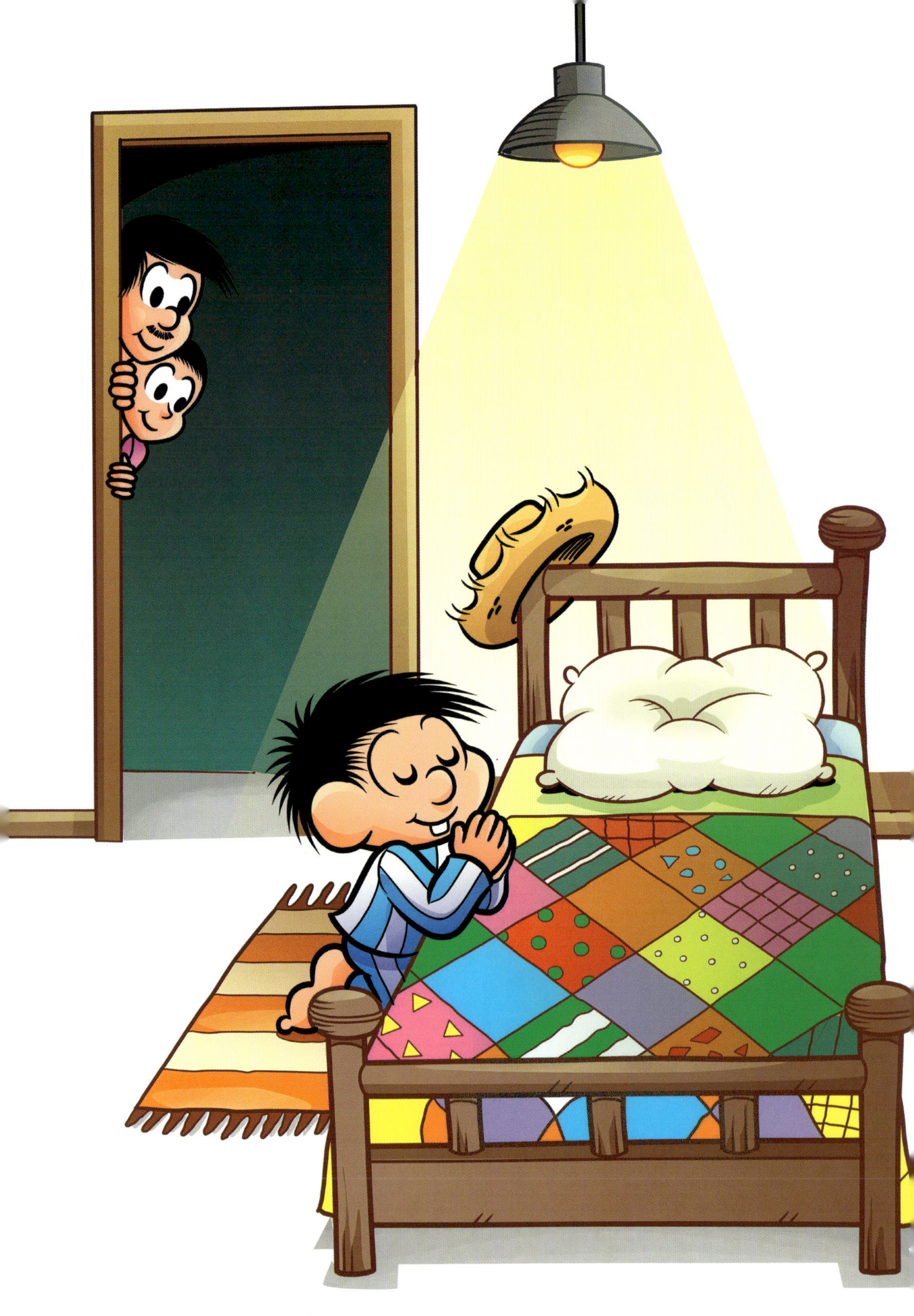

Apresentação

Rezar é conversar com Deus.

Temos tantas coisas para falar com Ele, mas quase sempre nos faltam palavras.

Com a ajuda deste livro e da Turma da Mônica, vou poder falar com Deus diariamente. Deus é meu amigo, por isso converso sobre todos os assuntos com Ele.

Falo dos meus medos, das minhas dúvidas.

Também peço proteção para mim e para todas as pessoas que eu amo.

Pedir é bom, mas agradecer é melhor ainda.

Por meio do agradecimento reconhecemos as maravilhas que Deus realiza em nossas vidas, com a certeza de que Ele nos ama.

É tão bom se sentir amado, sobretudo por Deus.

Este livro é um presente para todos os cristãos.

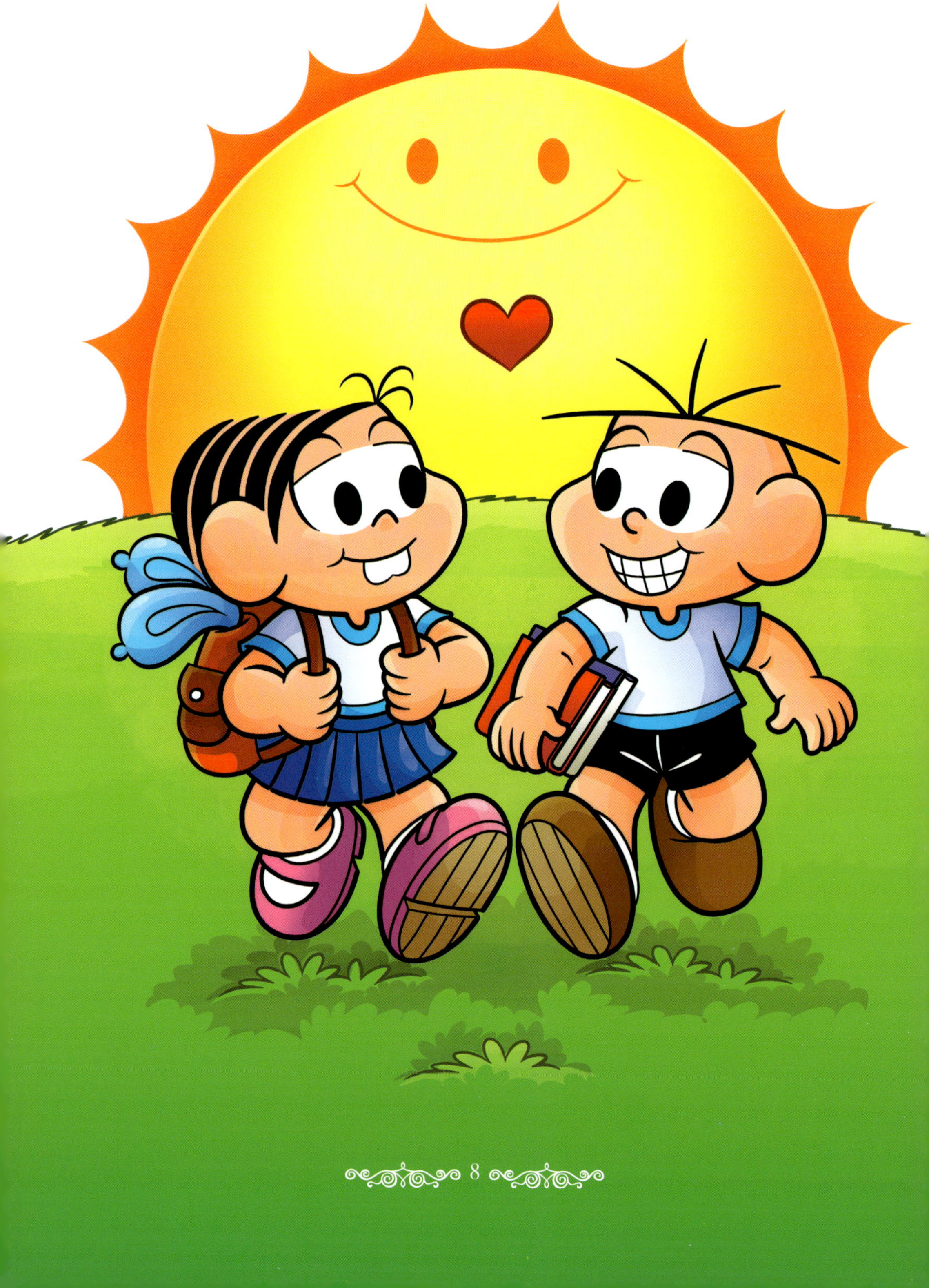

Oração da manhã

Pai Santo, neste novo dia
agradeço-lhe pela minha vida.

Obrigado por me dar de presente
mais uma chance de viver e de ser feliz.

Pai Amoroso, esteja comigo
durante todo este dia.

Estenda sua mão
sobre minha cabeça e me proteja.

Aponte os caminhos que devo seguir.

Abençoe também
todas as pessoas que eu encontrar.

Que eu esteja atento para ajudar
todos os que precisarem de mim.

Amém!

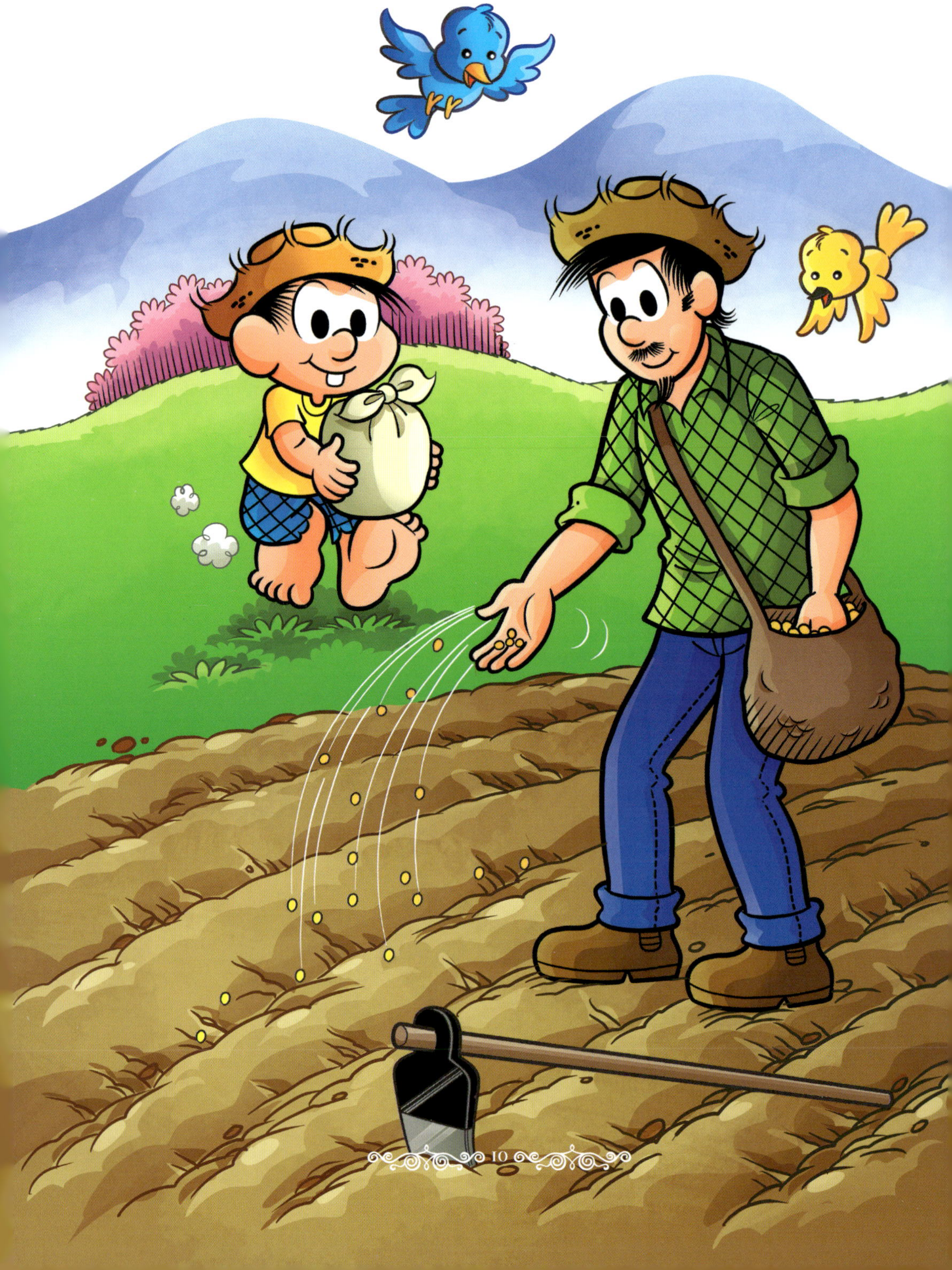

Oração antes das refeições

Eu lhe agradeço, Senhor,
pelos alimentos de cada dia.

Agradeço a todas as pessoas que
trabalharam para que estes alimentos
pudessem chegar até nós.

Obrigado, Senhor, por tanta bondade!

Peço que nunca falte alimento
à mesa de nenhuma família.

Que sejamos solidários e nunca egoístas,
que saibamos dividir nosso pão
com os mais necessitados.

Amém!

12

Oração da noite

Boa noite, Jesus!

Meu querido amigo,
agradeço-lhe pelo dia que tive.

Agora vou descansar e dormir.

Peço que você, meu amigo,
abençoe a minha noite
e a de todos os meus familiares.

Que eu tenha bons sonhos;
afaste da minha noite de sono
os pesadelos e os medos.

Amanhã será um lindo dia!

Amém!

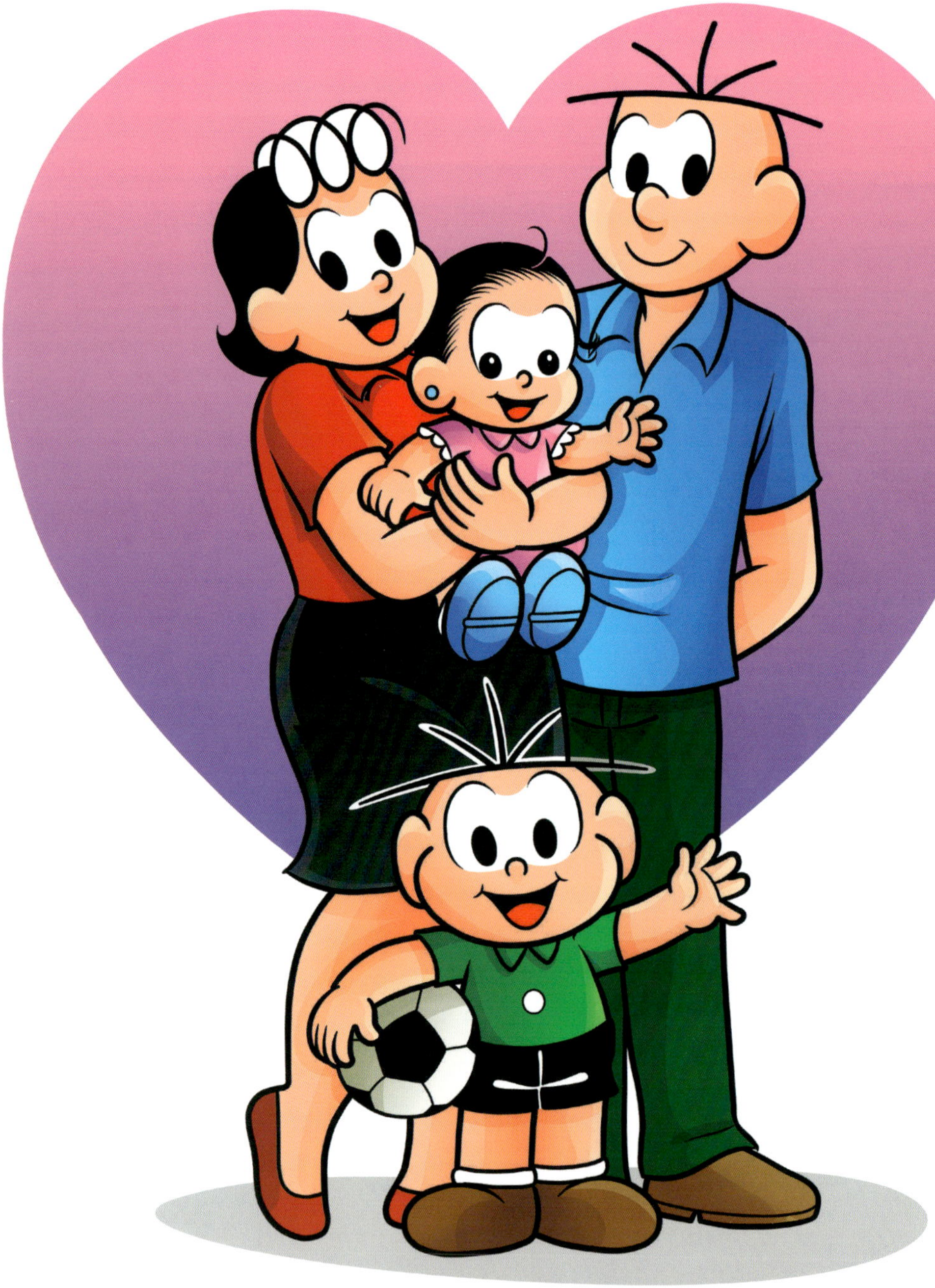

Oração pela minha família

Jesus querido, agradeço-lhe
pela família que eu tenho.

As pessoas que o Senhor
colocou em minha vida
são verdadeiros presentes.

Nem sempre as coisas são perfeitas;
muitas vezes brigamos, mas nos amamos,
e por isso fica fácil perdoar.

Jesus, assim como você
tinha uma família e vivia feliz com ela,
me ensine a valorizar a minha.

Abençoe cada um deles!

Que ninguém fique triste
por minha causa.

Peço, Jesus, que minha família
seja unida, que nada, nem ninguém,
possa apagar o amor que sentimos
uns pelos outros.

Amém!

16

Oração pela união da minha família

Pai do Céu, agradeço-lhe
pela família que eu tenho.

Peço que sejamos sempre unidos,
que saibamos nos perdoar sempre.

Que o amor e o diálogo
sejam maiores que a raiva
que às vezes sentimos.

Pai, não deixe que as brigas
e os desentendimentos dividam
os membros da minha família.

Pai, abra-se para nós e una
minha família em um único abraço.

Amém!

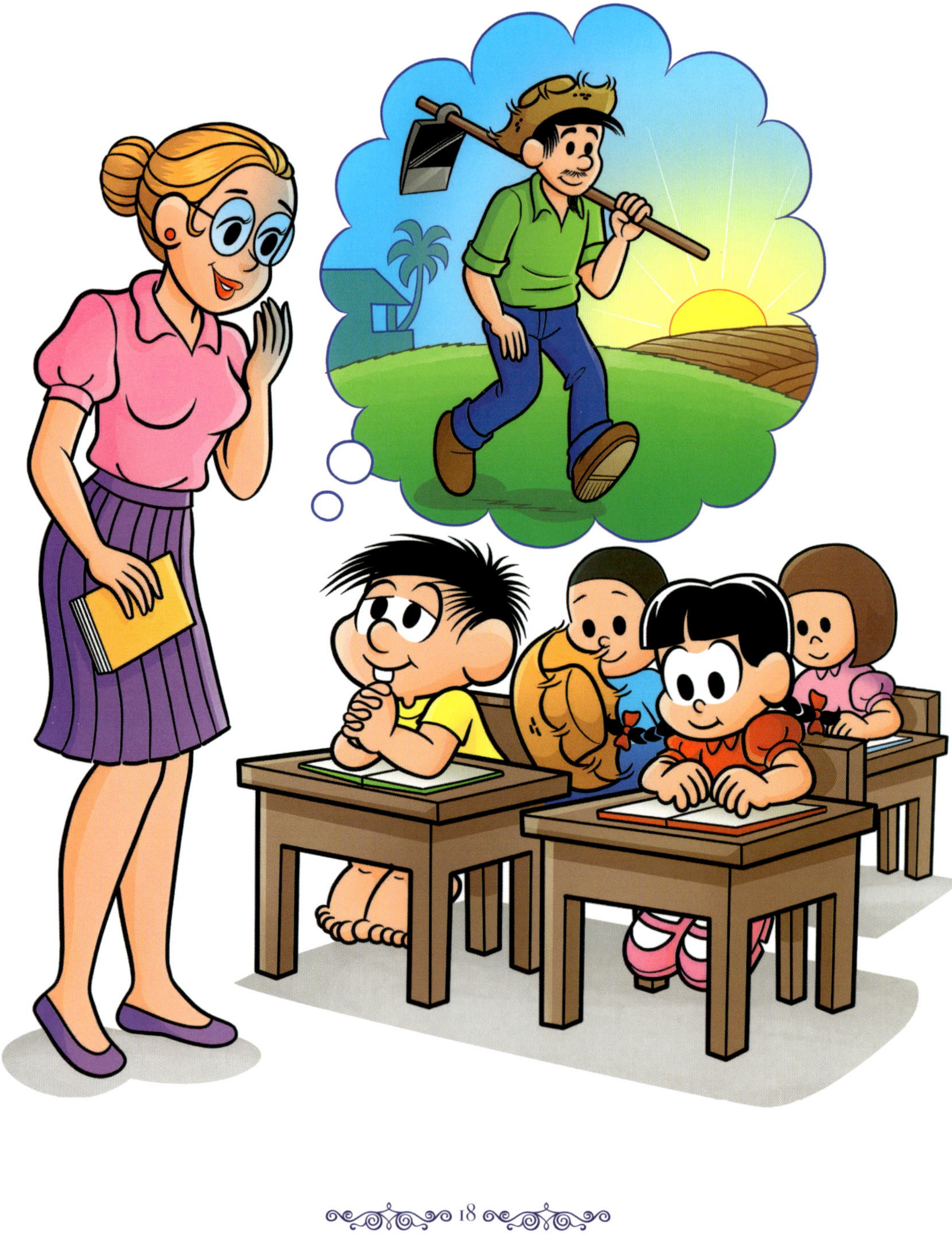

Oração pelo meu pai

Senhor, eu lhe agradeço pelo meu pai.

Peço que ele seja abençoado todos os dias.

Senhor, nunca se afaste dele.

Quero sempre meu pai pertinho,
cuidando de mim e me ensinando a viver.

Senhor, quero ser alegria para meu pai.

Que eu saiba honrá-lo
em todos os momentos da minha vida
e que o nosso amor seja eterno.

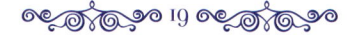

Amém!

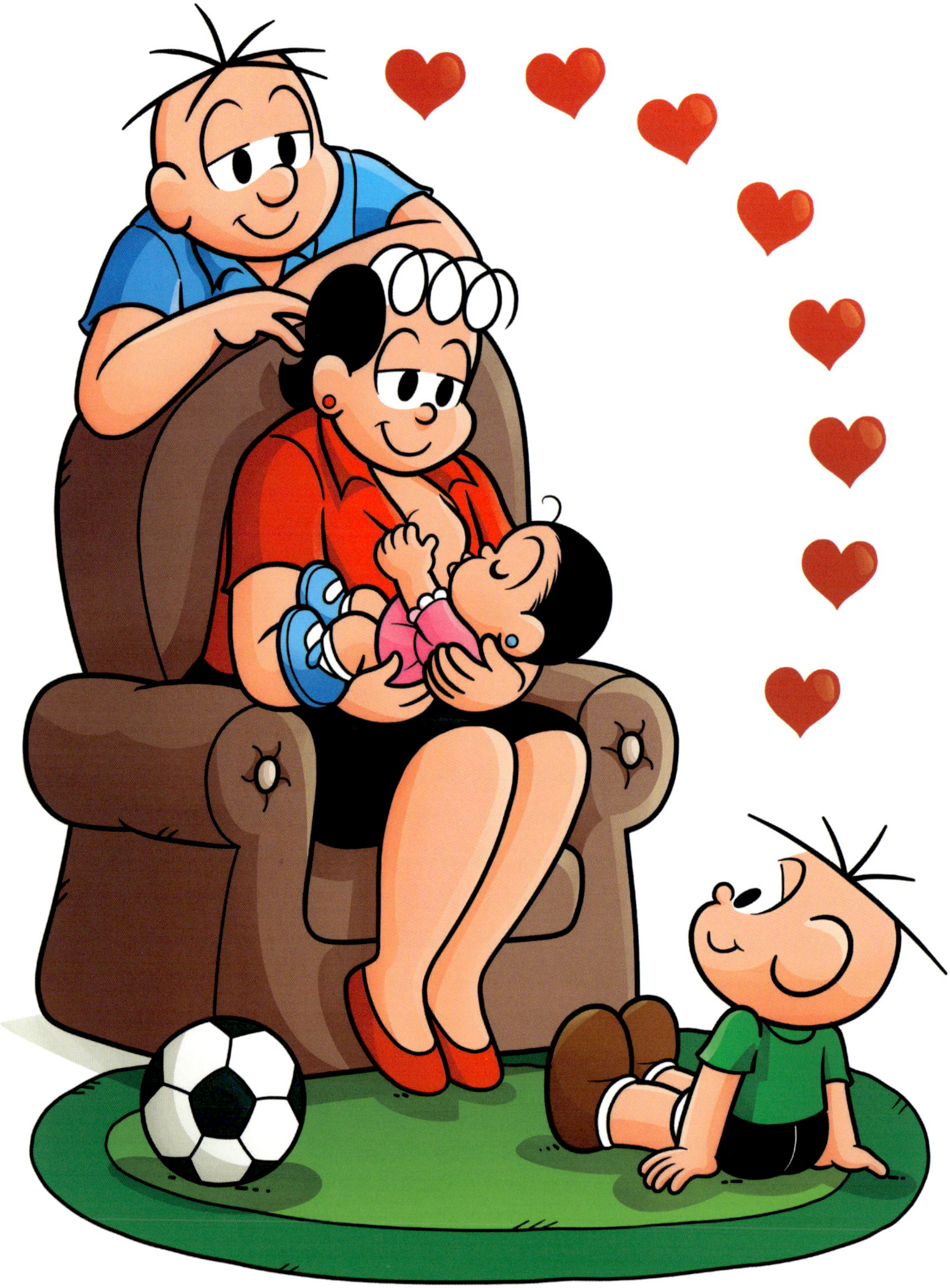

Oração pela minha mãe

Agradeço a Deus pela mãe que tenho,
agradeço por sua vida.

Agradeço por ela me amar
e se preocupar comigo.

Peço, Senhor, que minha mãe
seja coberta de bênçãos.

Que ela esteja sempre perto de mim,
me protegendo.

Senhor, que minha mãe seja sempre feliz,
pois a felicidade dela é também a minha.

Eu amo minha mãe
e quero amá-la cada vez mais.

Amém!

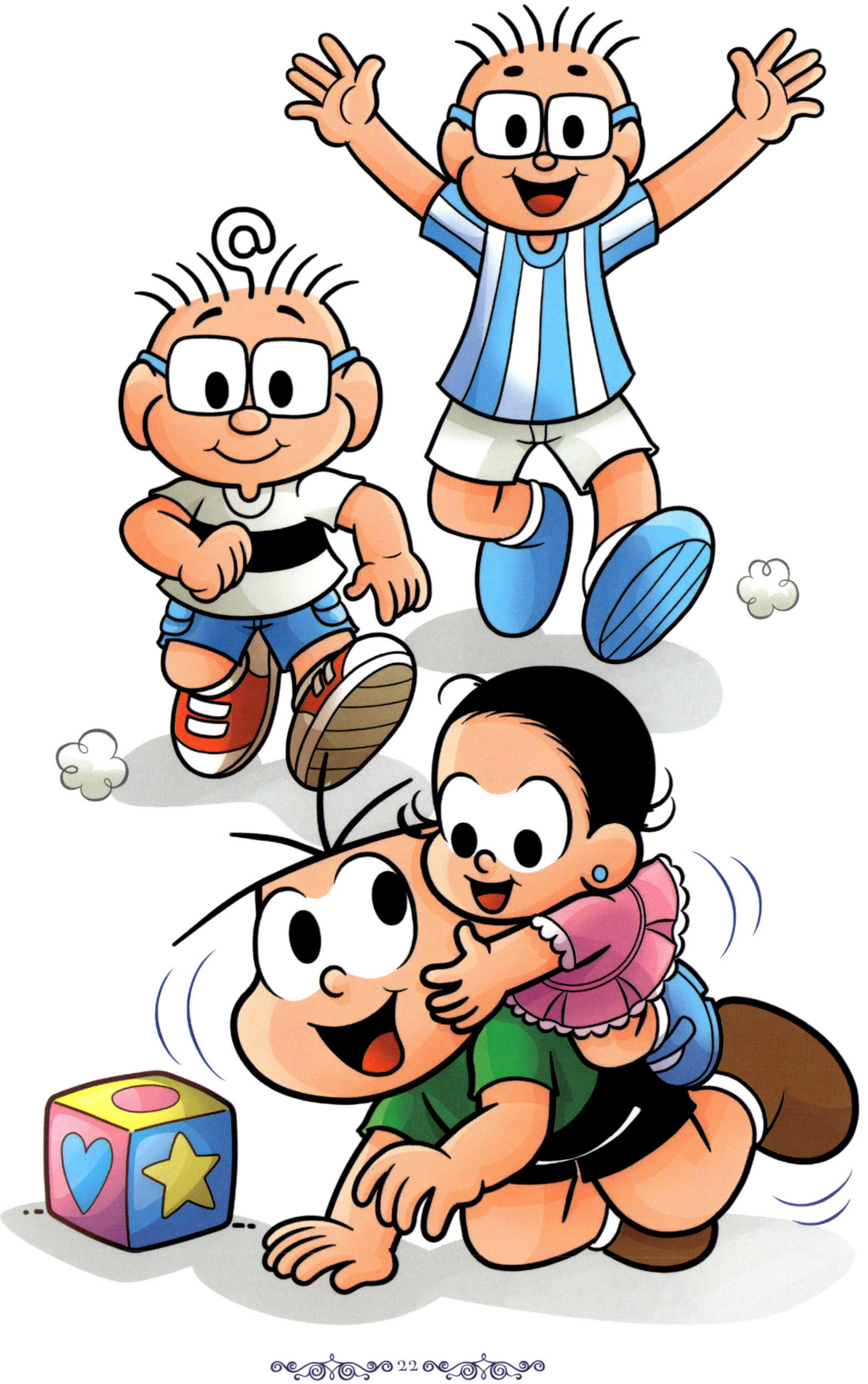

Oração pelos meus irmãos

Deus Pai, eu lhe agradeço
pelos meus irmãos.

Eu gosto muito deles,
mas às vezes brigamos.

Nada muito sério, pois logo depois
já estamos brincando juntos de novo.

Peço ao Senhor que eu e meus irmãos
sejamos unidos por toda a vida.

Que nos respeitemos e saibamos
nos ajudar uns aos outros
nos momentos de dificuldade.

Quero amar cada vez mais meus irmãos.

Amém!

24

Oração pelos meus avós

Deus Pai, minha família é
um grande presente que o Senhor me deu.

Agradeço-lhe pela vida dos meus avós.

Gosto tanto deles!

Peço que tenham saúde
e que sejam sempre felizes.

Pai Santo, obrigado
pela minha história familiar,
por minhas raízes.

Quero que meus avós tenham
muito orgulho de mim.

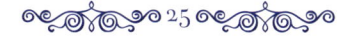

Amém!

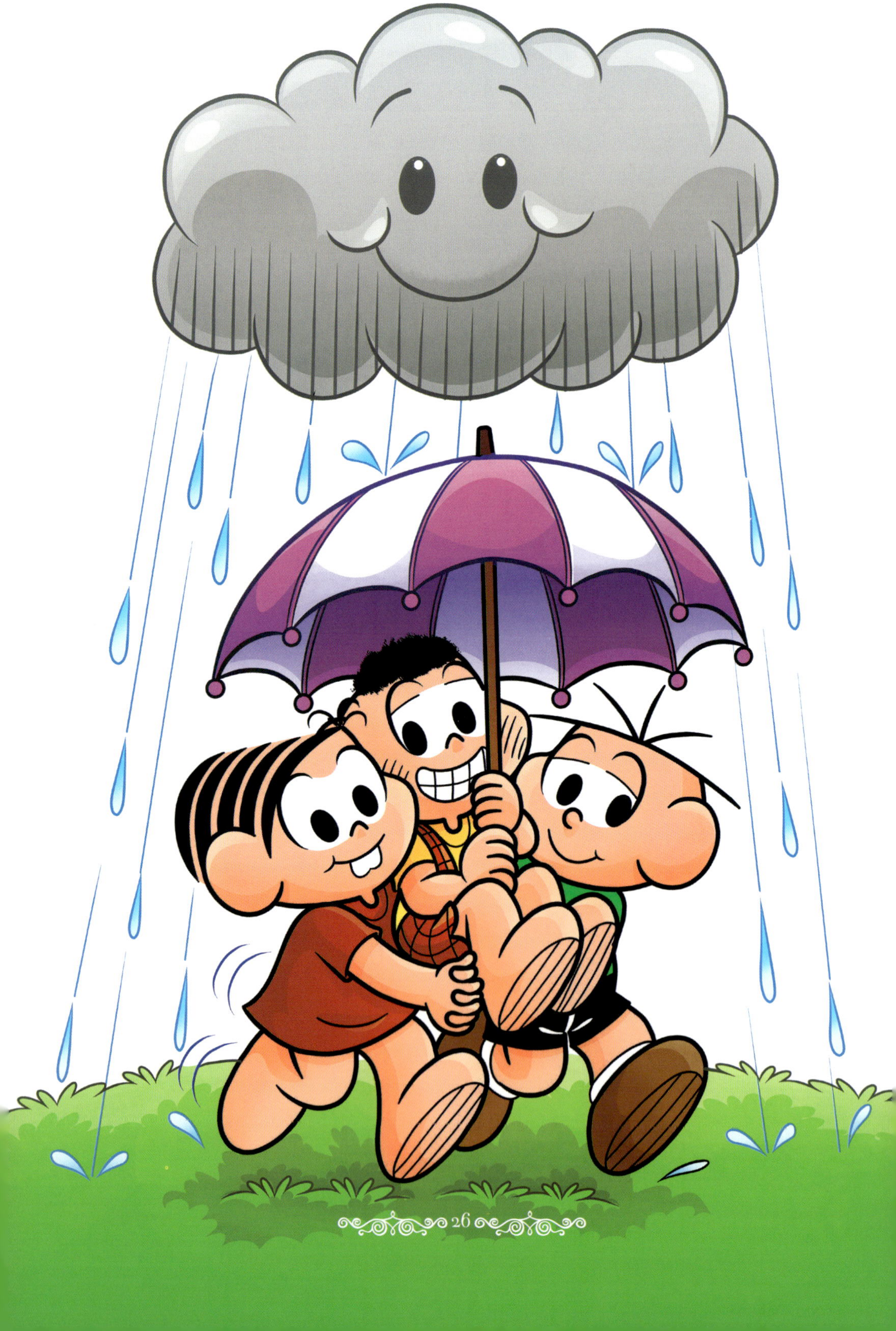

Oração por aqueles que cuidam de mim

Jesus, agradeço-lhe pelas pessoas
que cuidam de mim.

Para eles, nem sempre é tarefa fácil.

Às vezes dou muito trabalho, eu sei...

Bem, mas o que importa mesmo
é que eu me sinto amado,
inclusive quando passo dos limites.

Peço saúde e proteção às pessoas
que cuidam de mim com tanto carinho.

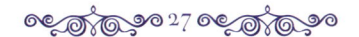

Amém!

28

Oração pelos meus amigos

Senhor Jesus,
tenho muitos amigos, gosto muito deles
e peço que sejam abençoados.

Que eu saiba respeitar
as diferenças de cada um.

Faço o propósito de não colocar
apelido em ninguém.

Algumas brincadeiras
podem causar sofrimento.

Que todos os meus amigos tenham
saúde para brincar até cansar.

Nesta hora eu me lembro
de cada um deles e peço que o Senhor
os abençoe e aos seus familiares.

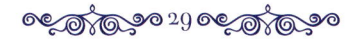

Amém!

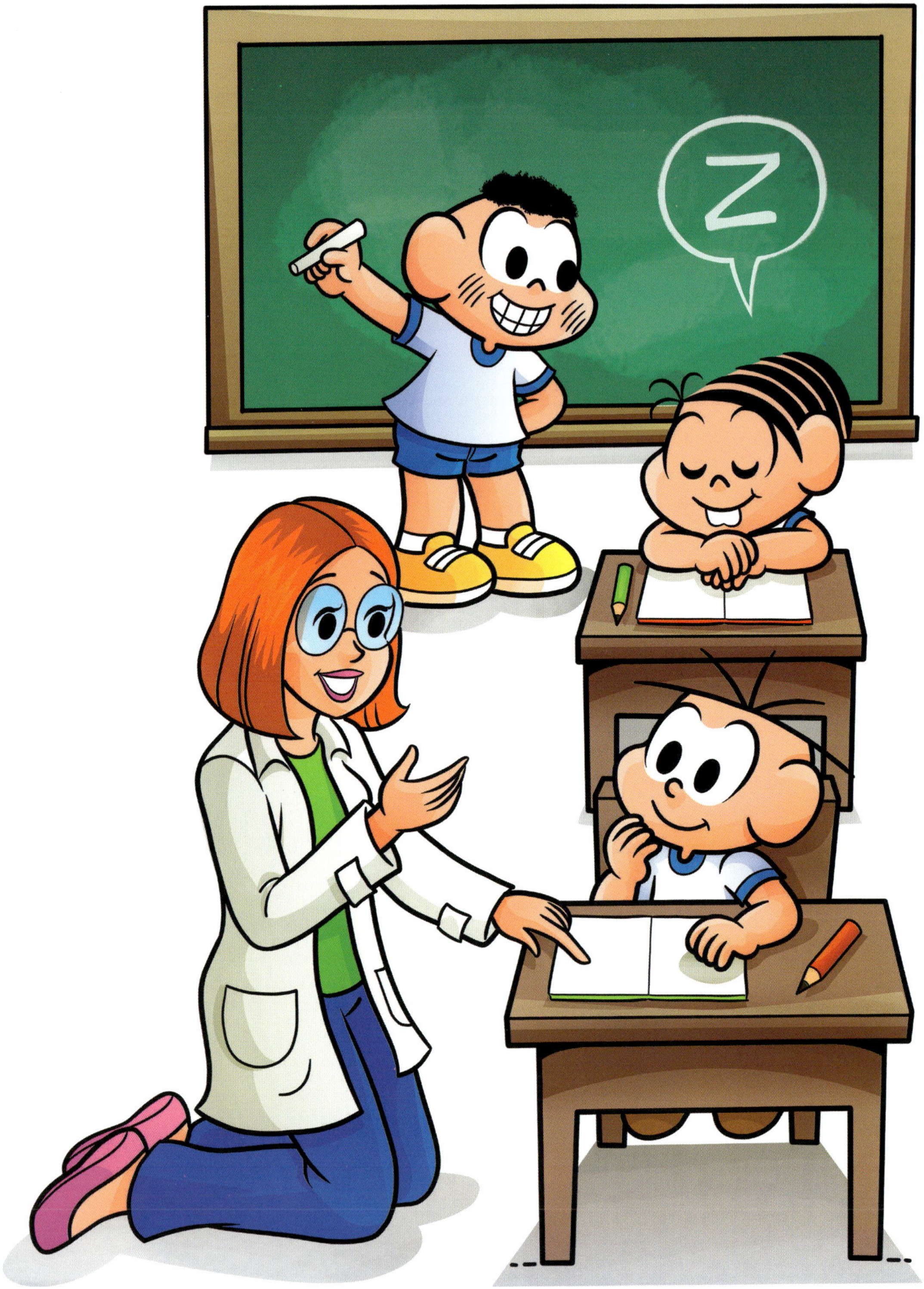
Z

Oração pelos professores

Eu lhe agradeço, Senhor,
pelos meus professores;
pela sabedoria de cada um deles.

Agradeço pela paciência
que eles têm para me ensinar.

Eu lhe peço, Senhor,
que os professores que tanto
trabalham sejam abençoados.

Eu lhe peço também que os professores
sejam bem recompensados, que nenhum deles
desanime por falta de incentivo.

Obrigado, Senhor, por existir
pessoas com o dom
de transmitir o que aprenderam.

Que o Senhor Deus
retribua toda a dedicação
dos meus professores.

Amém!

32

Oração antes dos estudos

Espírito Santo, ilumine
a minha mente nesta hora de estudo.

Faça que eu tenha determinação
e paciência, sobretudo
nas matérias mais difíceis.

Que eu seja aplicado
e leve a sério meus estudos.

Obrigado, Espírito Santo,
pela oportunidade que eu tenho de estudar.

Amém!

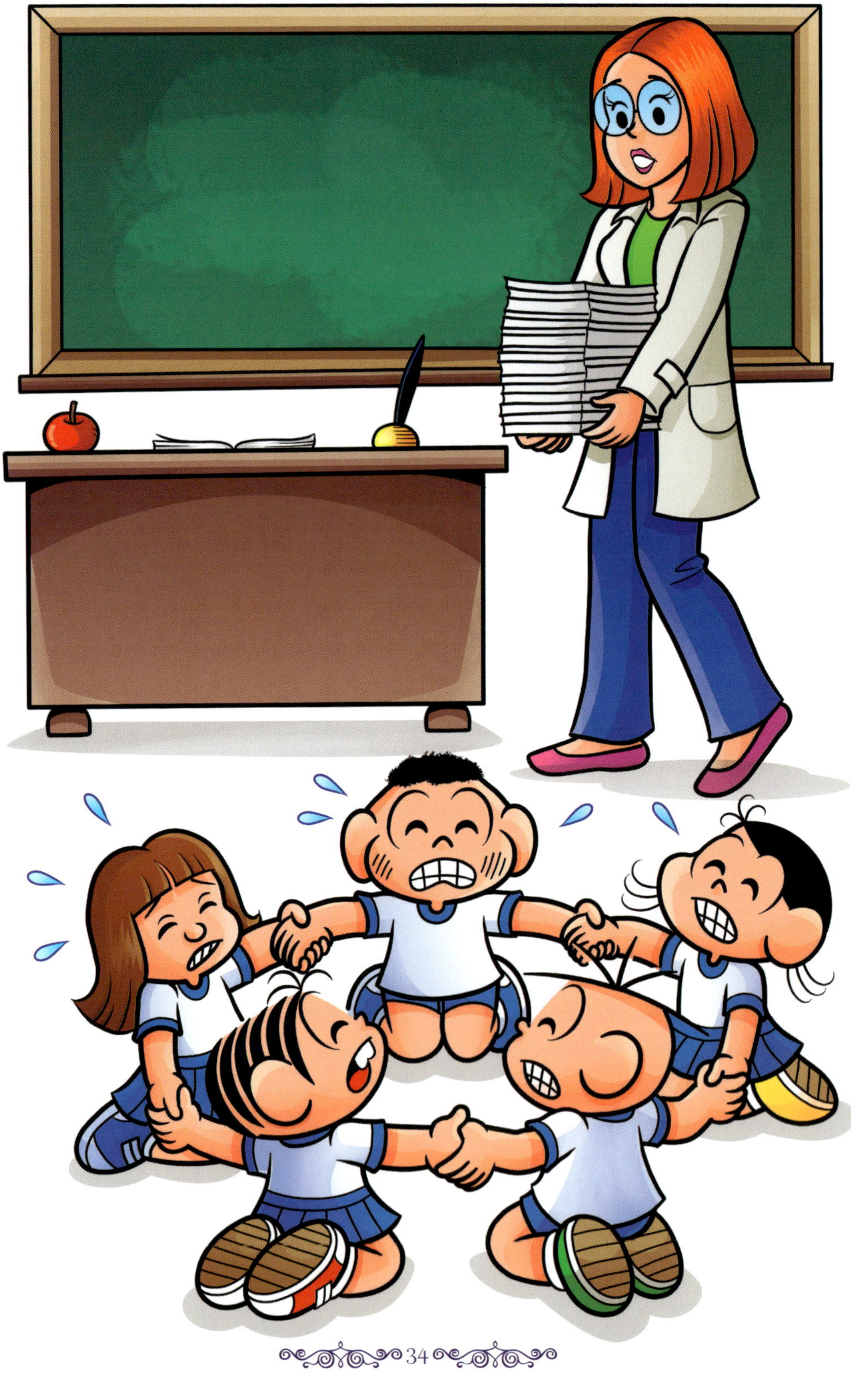

Oração antes de uma prova escolar

Senhor, agradeço por tudo
o que aprendi na escola.

Foram muitas lições importantes.

Agora eu vou fazer uma prova,
ótima oportunidade para
mostrar o que de fato aprendi.

Peço-lhe para eu ter calma
no momento da prova e que as lições
estudadas não fujam da minha cabeça.

Peço sua iluminação
para eu fazer uma ótima prova.

Amém!

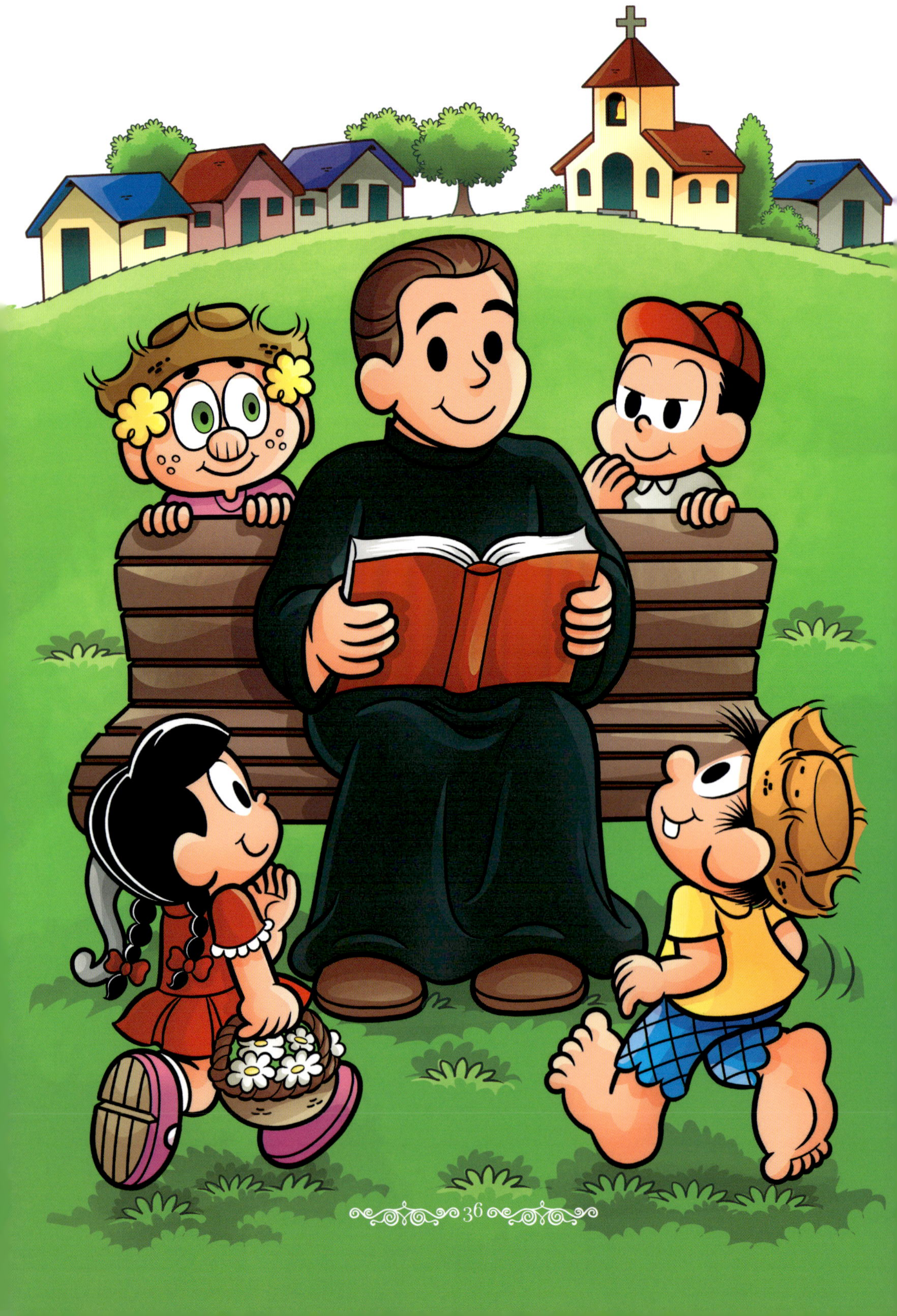

Oração antes de ler a Bíblia

Pai do Céu querido,
a Bíblia é uma linda carta de amor
que o Senhor escreveu a todos nós.

Peço a inspiração do
Espírito Santo nos momentos
em que eu estiver lendo a Bíblia.

Que cada palavra seja
guardada em meu coração,
que eu saiba viver seus ensinamentos
no meu dia a dia e que minha boca
se abra para anunciar aos meus amigos
as maravilhas que ela traz.

Amém!

38

Oração pela Igreja

Jesus, rezo pela minha Igreja,
pela comunidade que frequento.

É da sua vontade que a gente
viva a fé na partilha, um ajudando o outro
na construção de um mundo melhor.

Rezo por todas as pessoas
que participam das celebrações;
rezo para que sejam abençoadas.

Que saibamos viver a sua Palavra
em comunidade e que não haja
divisões entre nós.

Que eu nunca desrespeite
a fé de ninguém.

Amém!

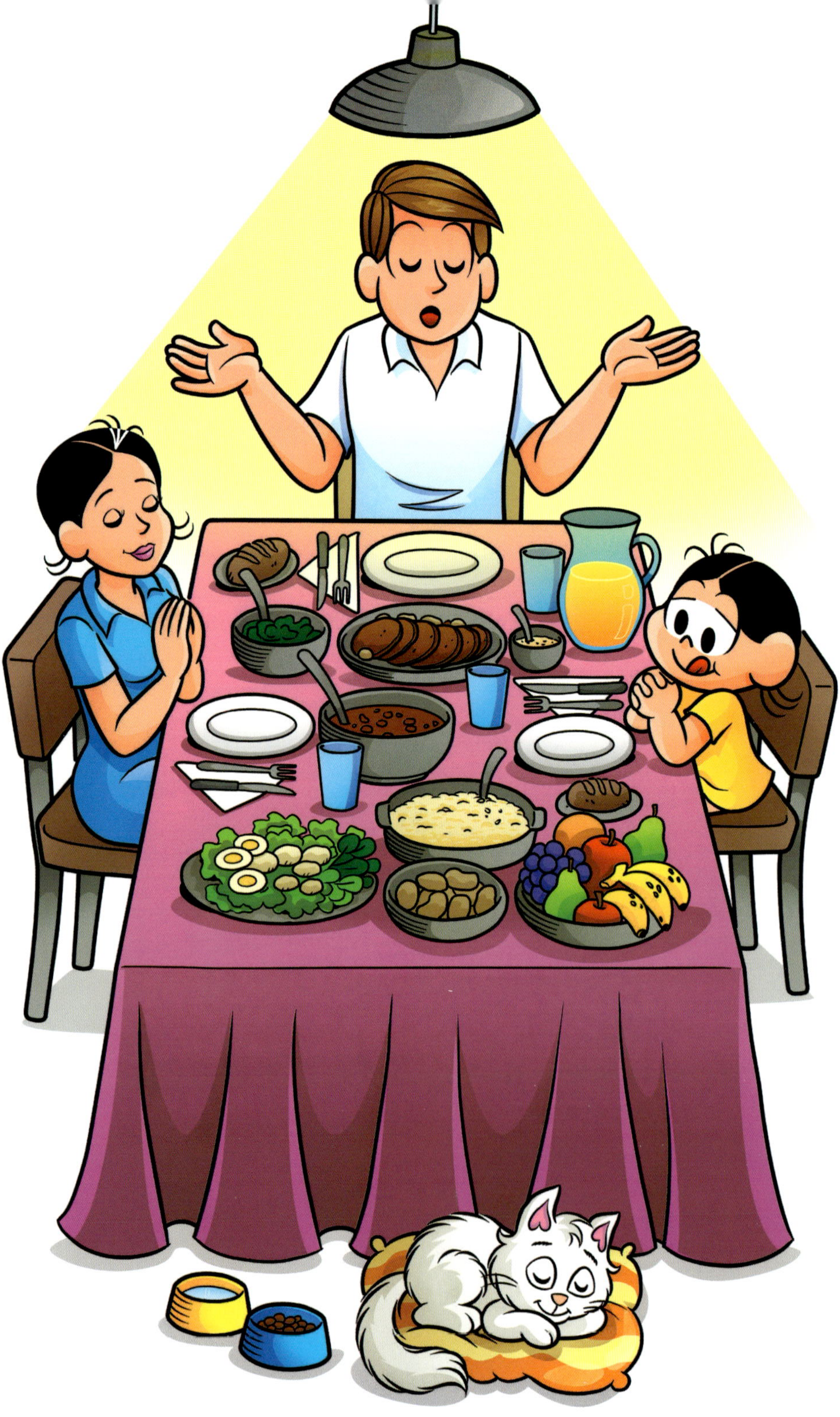

Oração por aqueles que ensinam a fé

Senhor, quero aprender
as maravilhas da minha fé.

Agradeço ao Senhor por
todos aqueles que doam seu
tempo para anunciar a Palavra.

Que eles sejam recompensados
por tanto amor e dedicação.

Peço, Senhor, que não desanimem
diante das dificuldades.

Que sejam perseverantes
nesta linda missão.

Amém!

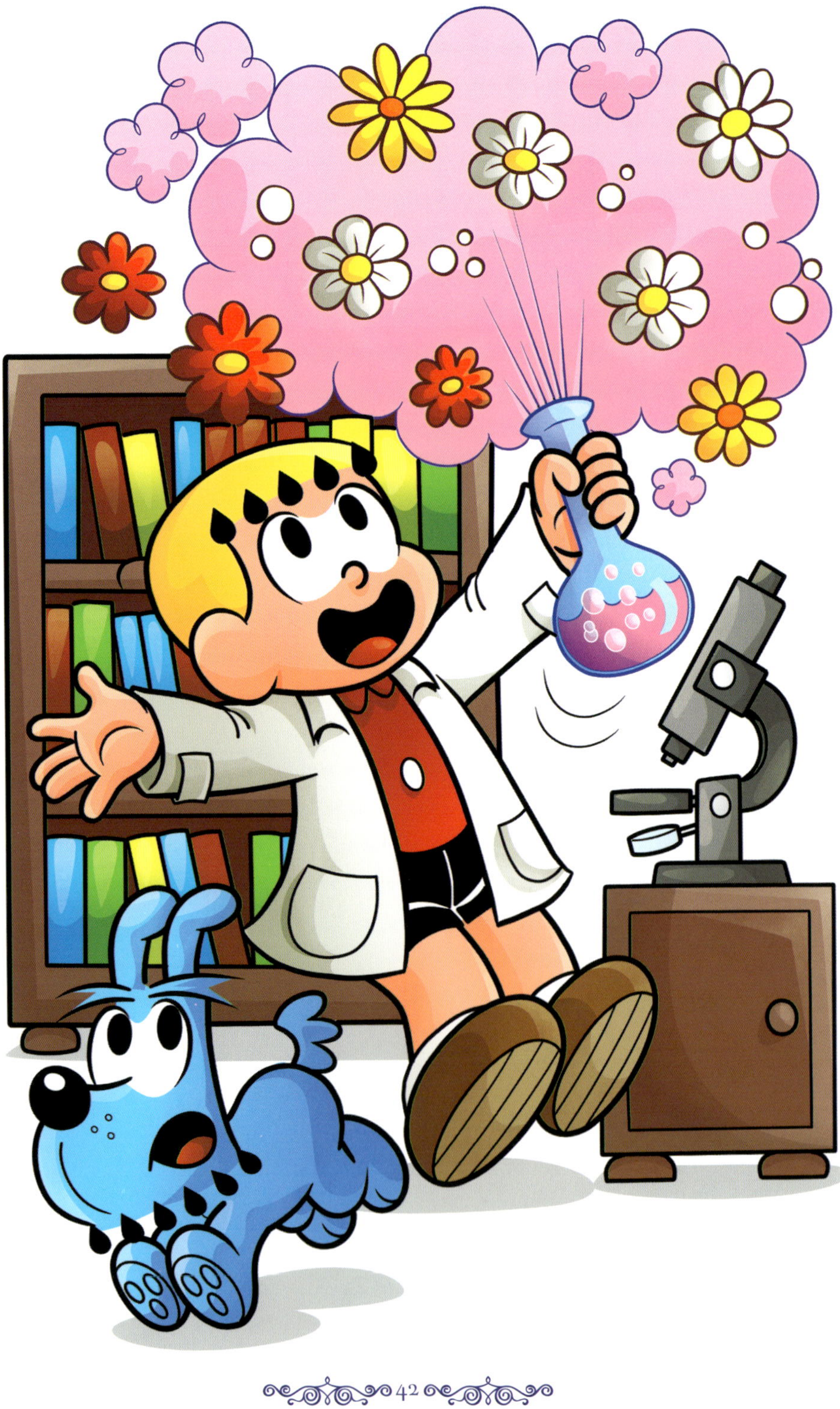

Oração pela minha vocação

Pai Amoroso, todos nós nascemos
para realizar uma missão.

Neste momento rezo,
pedindo que o Senhor
prepare meu coração desde agora
para que, quando eu crescer,
viva fazendo sempre sua vontade.

Indique os caminhos que eu devo
seguir e realize em mim seu querer.

Desejo que minha vida seja de doação.

Amém!

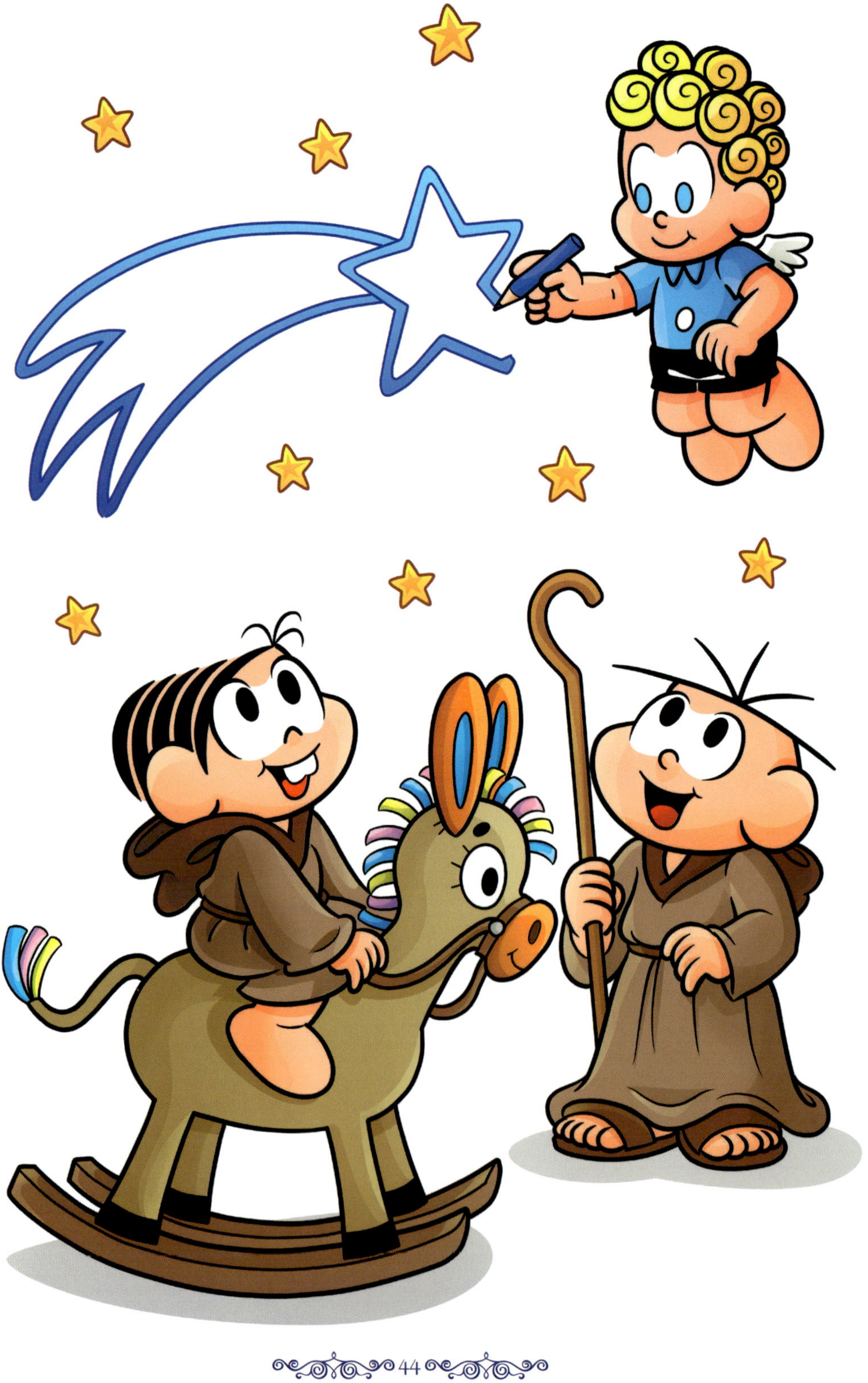

Oração pedindo fidelidade a Deus – a exemplo de Maria

Jesus, assim que o anjo anunciou
que Maria havia sido a escolhida
entre tantas mulheres para ser a sua mãe,
ela disse "sim" ao projeto de Deus:

– *Eis aqui a tua servidora, realizai em mim o teu querer*!

Peço Jesus, que eu lhe seja fiel
em todos os momentos da minha vida e,
mesmo com as dificuldades do caminho,
que eu tenha os olhos fixos em sua mãe,
que nunca desistiu.

Que Maria me ensine sempre a dizer
"sim" à vontade do Pai.

Amém!

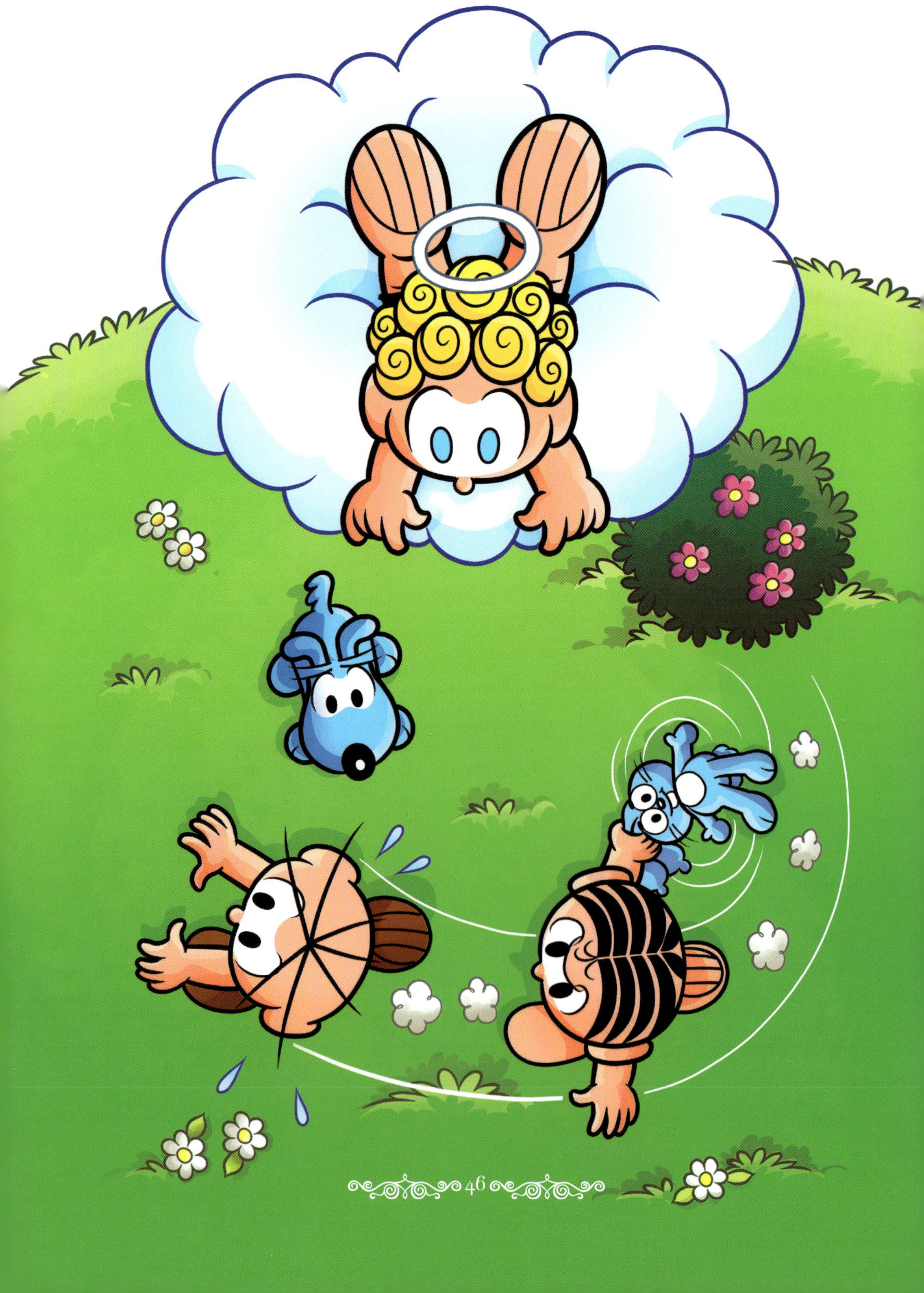

Oração ao Anjo da Guarda

Meu Anjo querido,
o Senhor lhe deu a missão de me guardar,
de me proteger sempre.

Esteja, meu anjo da guarda,
sobre mim cobrindo-me de bênçãos.

Ao meu lado, me acompanhando.

À minha frente, me orientando.

Atrás de mim, me olhando atento.

Afaste de mim todo perigo.

Que nada nem ninguém me separe de Deus.

Amém!

48

Oração a Deus Pai

Papai do Céu, o Senhor
é o criador de todas as coisas.

O Senhor me conhece,
sabe tudo sobre mim.

Pai, eu lhe agradeço pela minha vida
e por todas as bênçãos que já realizou
em minha história; pelas bênçãos
que está realizando e pelas muitas
que ainda realizará em minha vida.

Eu o amo e peço a graça
de nunca deixar de amá-lo
sobre todas as coisas.

Amém!

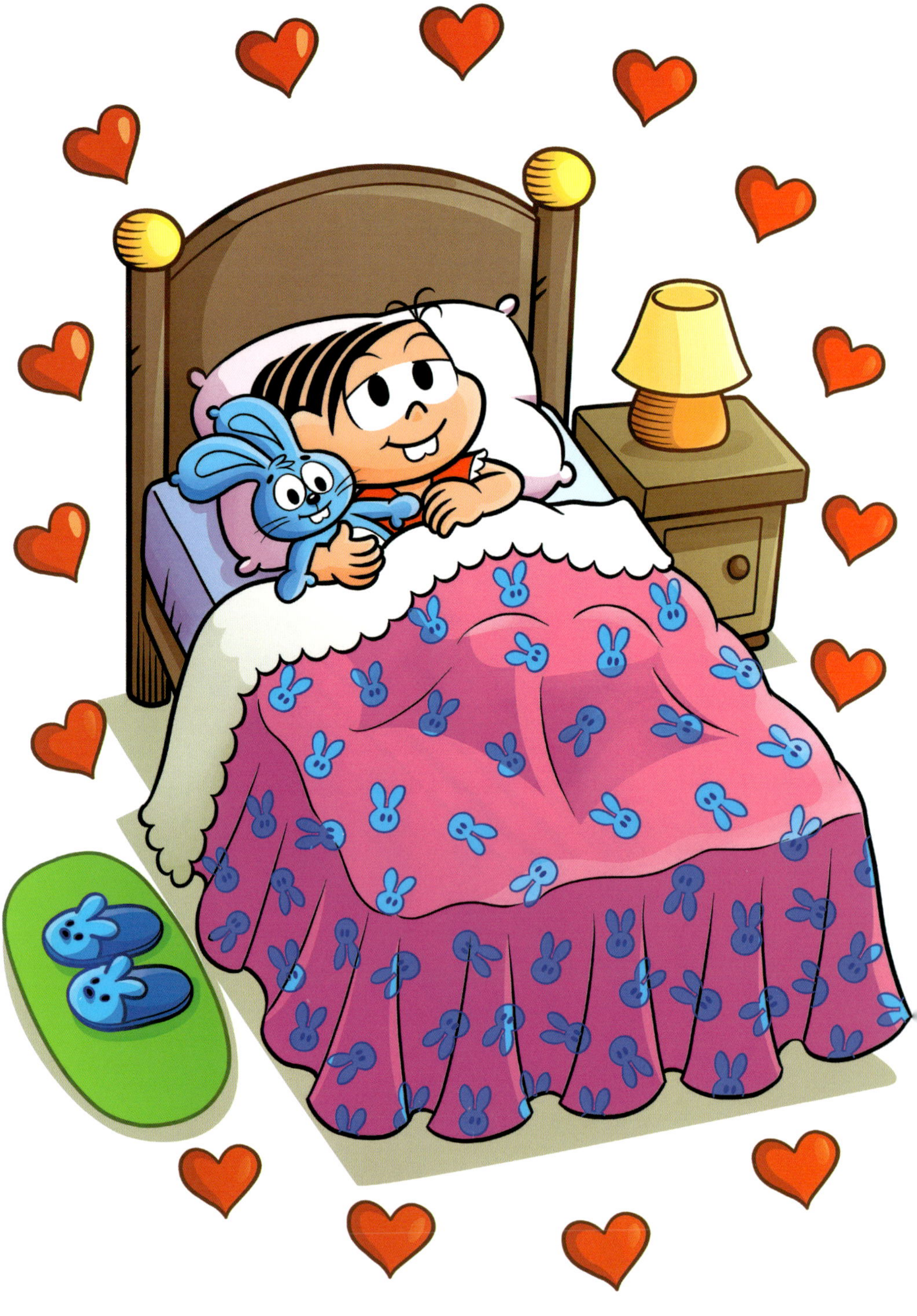

Oração a Jesus Cristo

Jesus, meu amigo, dê-me
um coração generoso como o seu.

Desejo amar como você amou.

Quero olhar as pessoas
com a mesma compaixão
com que você as olhava.

Jesus, meu Salvador,
ensine-me a viver.

Que suas palavras
sejam minha regra de vida.

Querido Jesus, eu acredito no seu amor.

Eu acredito que
um mundo melhor é possível,
basta viver tudo o que você pediu.

Jesus, eu o amo!

Amém!

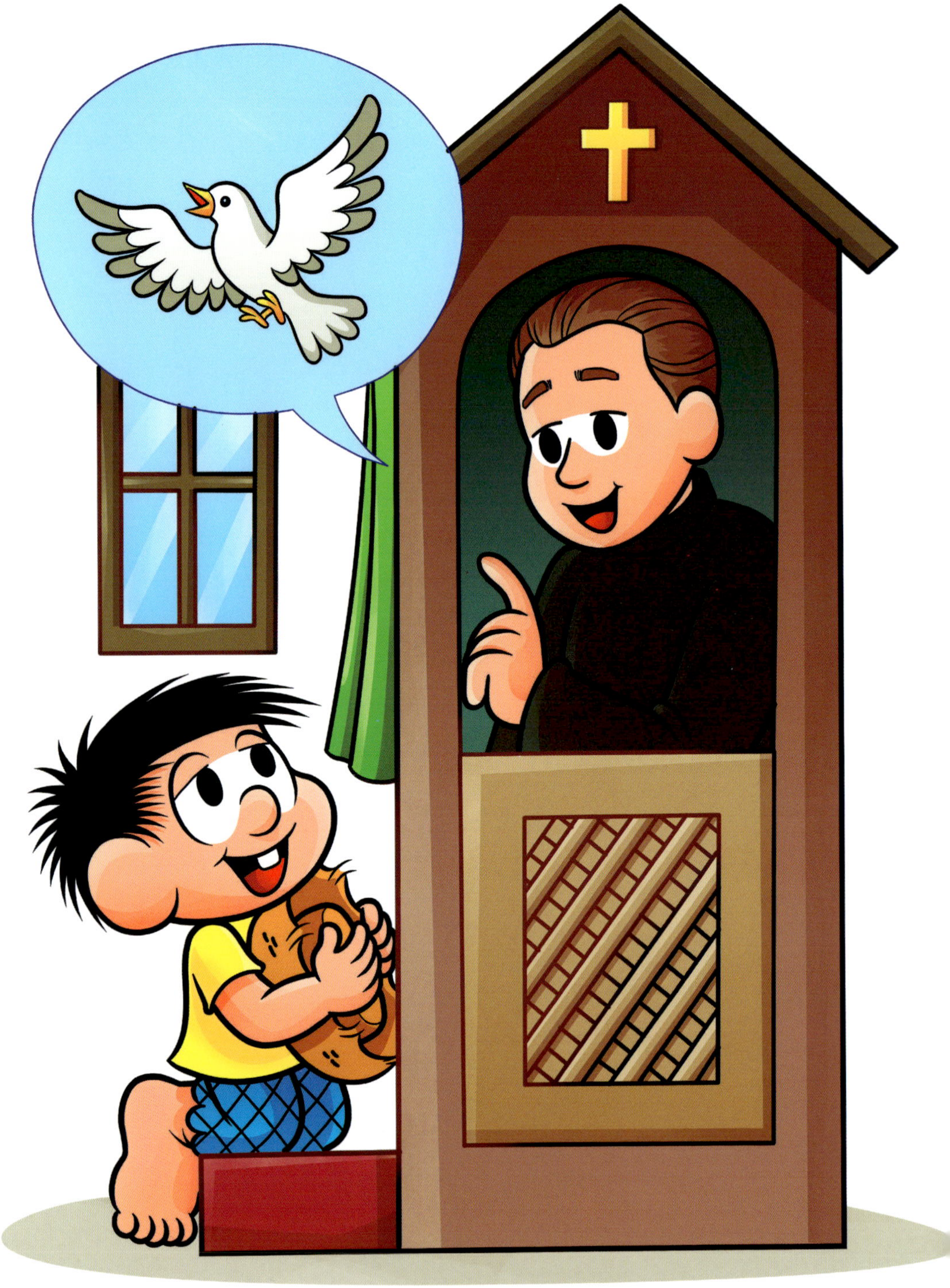

Oração ao Espírito Santo

Espírito Santo de Deus,
eu acredito que
o Senhor mora em mim.

Eu sou templo onde
o Senhor fez morada!

Ilumine minha vida e me dê
os dons necessários para eu viver bem,
e que eu saiba aperfeiçoá-los.

Que os talentos que o Senhor
me deu sejam para ajudar os outros.

Que sua Luz, que brilha dentro de mim
por meio das minhas palavras,
gestos e ações, ilumine
as pessoas que convivem comigo.

Amém!

54

Oração pela paz

Jesus, a Bíblia diz
que o Senhor é o Príncipe da Paz.

Eu gostaria que a paz
reinasse em nosso meio.

Para que a paz exista,
é preciso que cada um de nós
faça a sua parte,
e eu quero fazer a minha.

Vou respeitar os outros,
não promoverei brigas.

Quando eu ficar nervoso,
vou pensar antes de agir.

Peço que a paz possa
abraçar todo o mundo.

Que não haja mais guerras
e que todas as pessoas
se amem cada vez mais.

Amém!

56

Oração diante do sofrimento

Senhor Jesus, o Senhor
que sofreu tanto em vida,
mas nunca perdeu a esperança,
dê-me a coragem para enfrentar
esta situação difícil de sofrimento.

Senhor, fale baixinho ao meu
ouvido e ao meu coração:

– *Eu estou com você, nada de ruim irá acontecer!*

A certeza de que você, querido Jesus,
está ao meu lado, faz com que
eu me sinta mais seguro.

Que o sofrimento passe rápido
para que eu possa voltar
a brincar na alegria.

Amém!

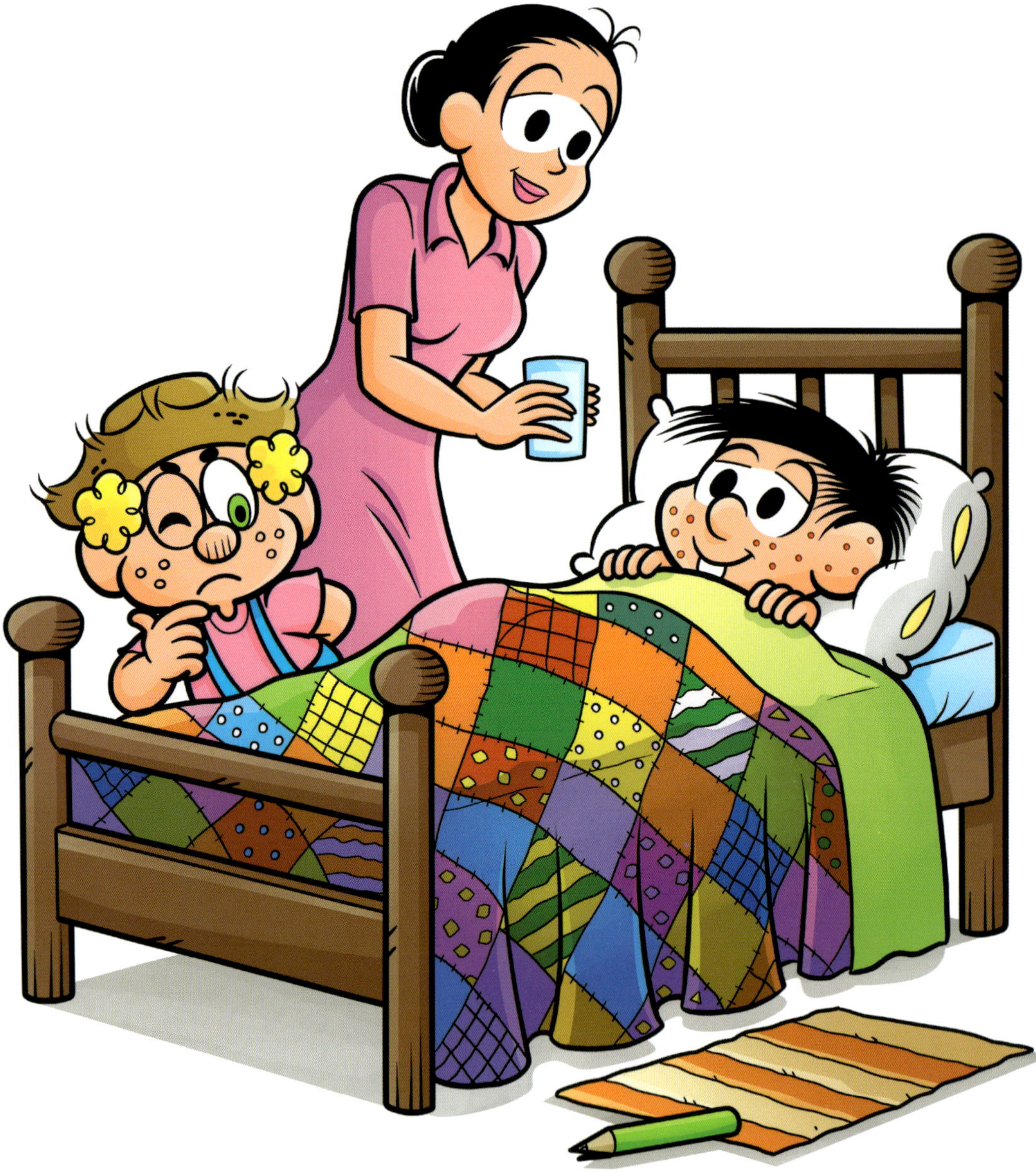

Oração no momento da doença

Jesus, como é ruim ficar doente.

Mas eu compreendo
que nossa natureza humana
está sujeita a situações
que não gostamos de enfrentar.

Peço proteção e saúde
para que eu volte à minha vida normal.

Dê-me paciência para eu esperar
o tempo dos remédios fazer efeito.

Jesus, mesmo doente,
eu não vou viver na tristeza.

O fato de o Senhor estar cuidando de mim
já é minha alegria.

Amém!

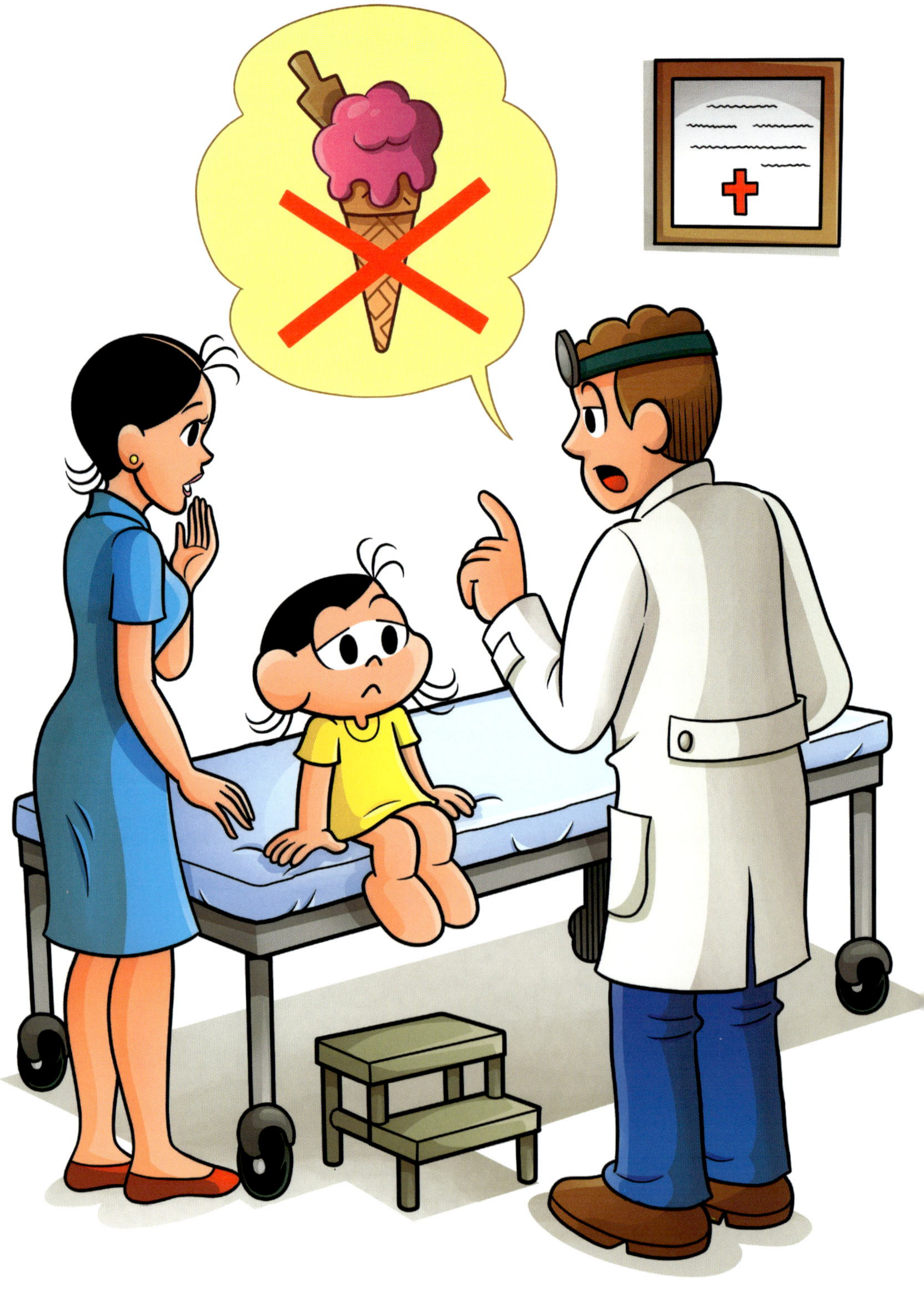

Oração por alguém doente

Pai do Céu, rezo agora
por alguém de quem eu gosto muito
e que está doente (*dizer o nome da pessoa*).

Peço, Senhor, para que esta pessoa
se recupere rapidamente.

Senhor, passe sua mão sobre a doença e,
se for da sua vontade, realize a cura.

Senhor, ver o sofrimento das pessoas
que amamos é muito difícil.

Por isso, eu lhe peço:
venha em socorro deste enfermo.

Amém!

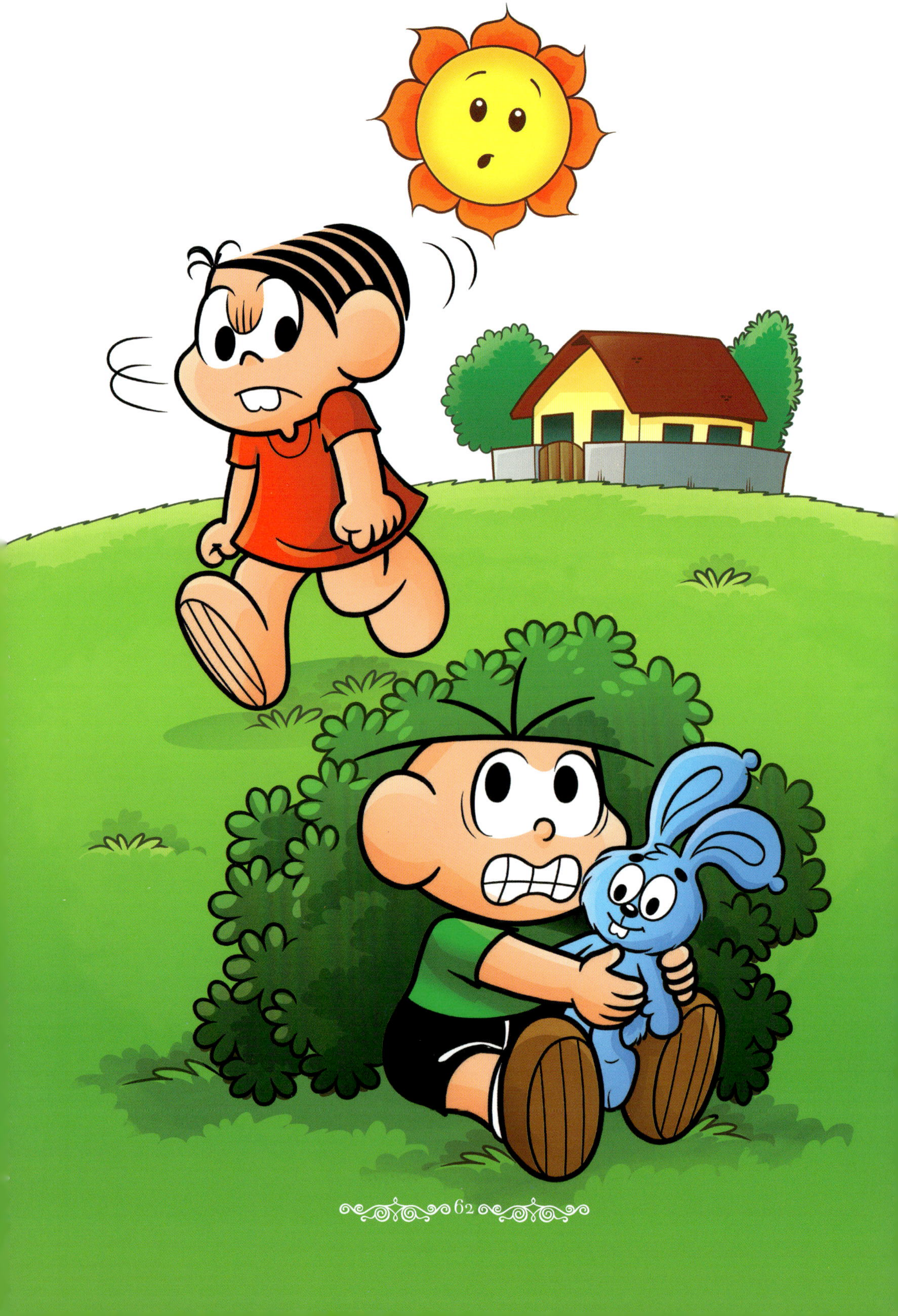

Oração nos momentos de perseguição

Jesus, eu sei que
você foi perseguido; em alguns momentos
eu também me sinto assim.

Percebo que algumas pessoas
não gostam de mim; elas falam
coisas a meu respeito
que me deixam bastante magoado.

Mas gostaria de rezar
por essas pessoas que me fazem sofrer
e perdoar cada uma delas.

Peço força para não me abater.

Com sua ajuda, quero andar
de cabeça erguida sempre.

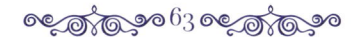

Amém!

?

Oração para quando eu estiver triste

Senhor, quando a gente fica triste,
perde o ânimo.

A comida parece que não tem gosto.

Estar triste não é bom.

Por isso eu lhe peço:
não deixe que a tristeza
me abrace forte, não deixe que ela
tenha mais força que eu.

Quero ser feliz!

Senhor, que a tristeza vá morar
bem longe de mim
e das pessoas que eu amo.

Amém!

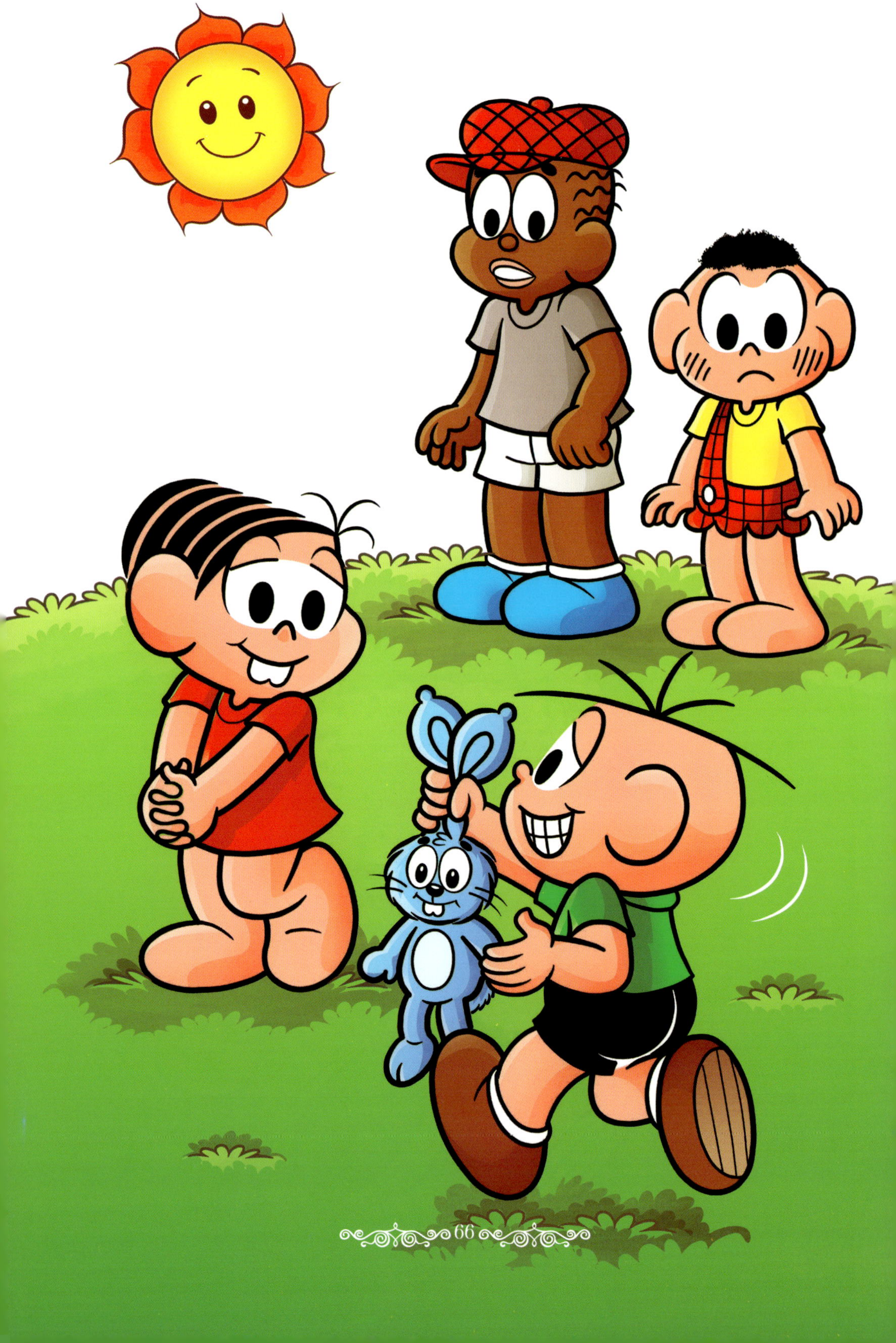

Oração para pedir perdão

Pai do Céu querido,
coisas erradas que fazemos
lhe provocam grande tristeza.

Mas seu coração amoroso
sempre perdoa.

Peço, neste momento,
perdão por todas as minhas falhas.

Que os errinhos que eu tenha cometido
nunca me afastem do Senhor.

Neste momento, eu me lembrarei
de todas as coisas erradas
que eu fiz hoje (*breve silêncio*).

Perdão, Senhor.

Com sua ajuda,
não quero voltar a cometê-las.

Amém!

68

Oração diante do perigo

Meu amigo Jesus,
são vários os perigos que
a gente enfrenta todos os dias.

Por isso, peço que caminhe
sempre comigo.

Nunca se separe de mim.

Sempre envie seus anjos
para me socorrer.

Livre-me das situações mais perigosas.

Peço também que as pessoas
que eu amo possam ir
e vir sem nada sofrer.

Esteja sempre comigo, Jesus,
e nada de ruim me acontecerá.

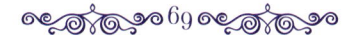

Amém!

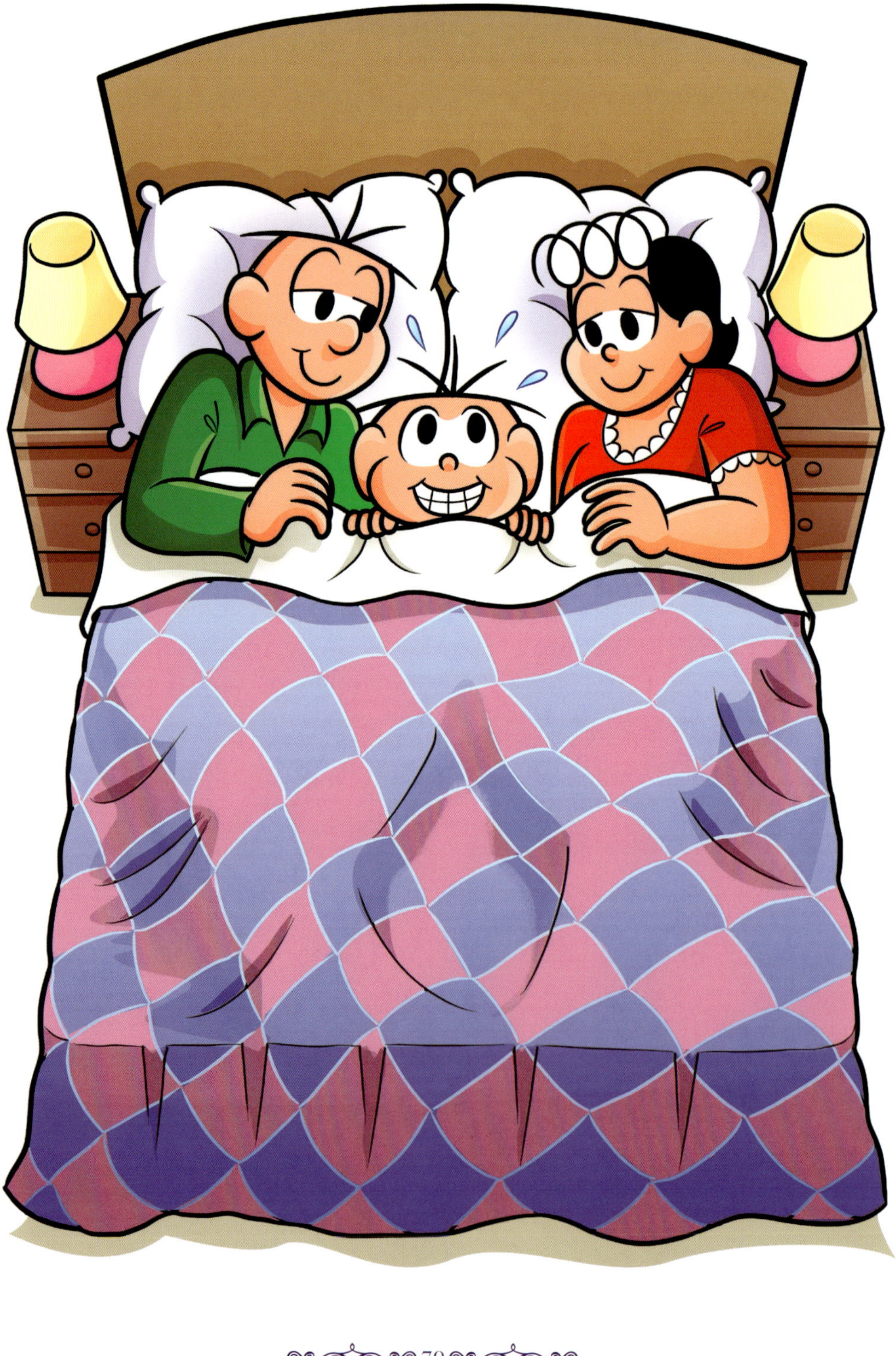

Oração para quando eu sentir medo

Jesus, o Senhor é o Bom-Pastor
que cuida de todos nós.

Não é preciso ter medo,
pois o Senhor está sempre comigo.

Mesmo que eu enfrente
os piores perigos, minha mão
estará segurando na sua.

Entrego minha vida a você.

Assim, nada temo;
seu amor me protegerá.

Amém!

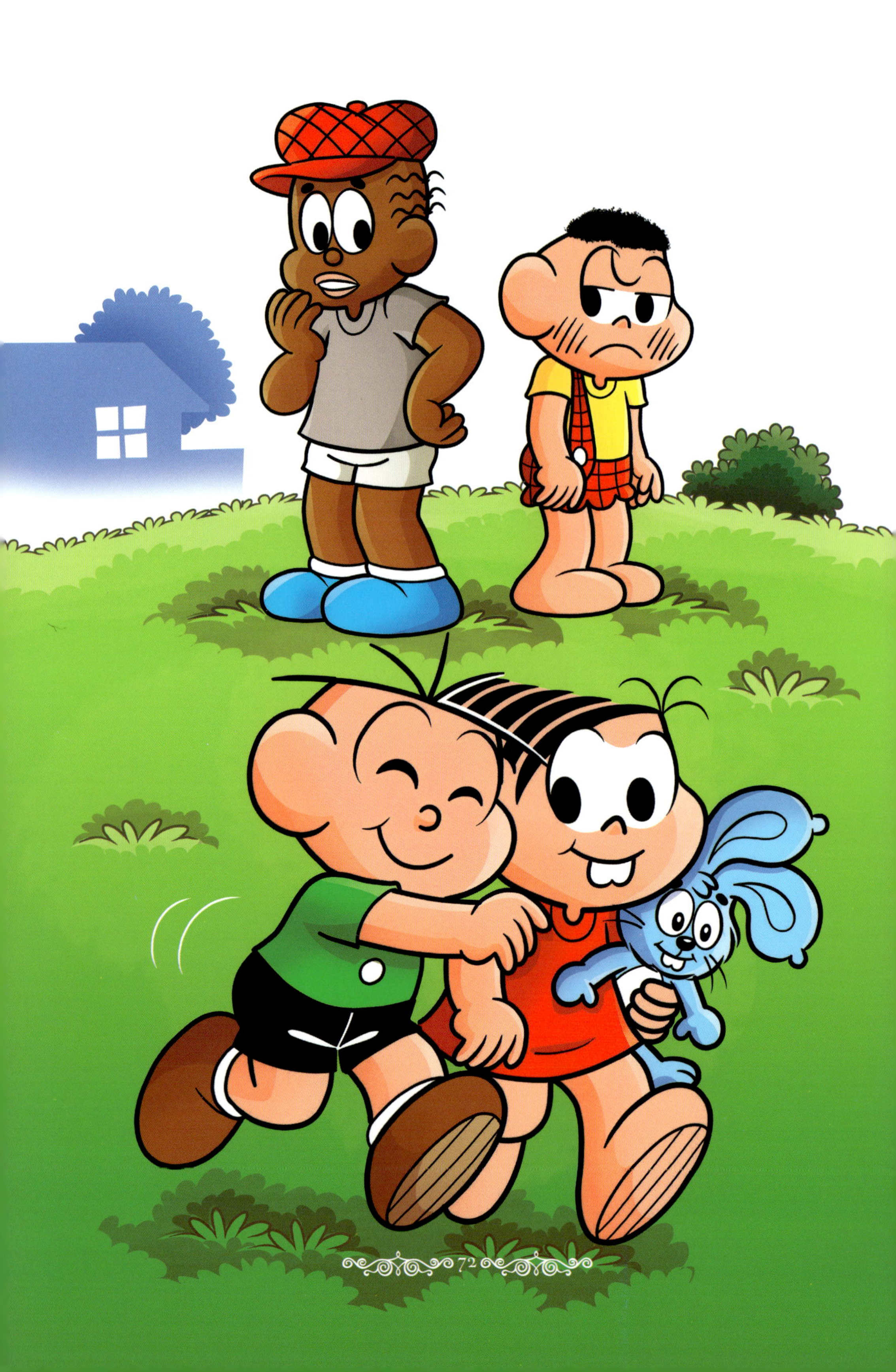

Oração pedindo proteção

Deus Pai, guarde-me
na palma da sua mão.

Proteja-me sempre, e que nada
de triste me aconteça.

Que seu Espírito Santo estenda
suas asas para me cobrir de proteção.

O Senhor me criou,
por isso minha vida é muito
preciosa aos seus olhos.

Querido Deus, eu sei que o Senhor
cuida de mim, assim,
nenhum mal me atingirá.

Amém!

74

Oração de confiança

Deus Pai querido,
a minha vida lhe pertence, pois foi
o Senhor quem me fez.

E eu sei que terei de enfrentar problemas.

Porém, quando as coisas não
estiverem tão boas, ficará mais fácil
seguir em frente sabendo que
o Senhor me ama e cuida de mim.

Pai, me ensine a acolher sua vontade.

Ainda que eu não consiga compreender algumas
situações, que eu nunca perca a esperança.

As coisas não acontecem por acaso.

Que eu saiba e tenha a certeza
de que seu amor por mim nunca terá fim.

Amém!

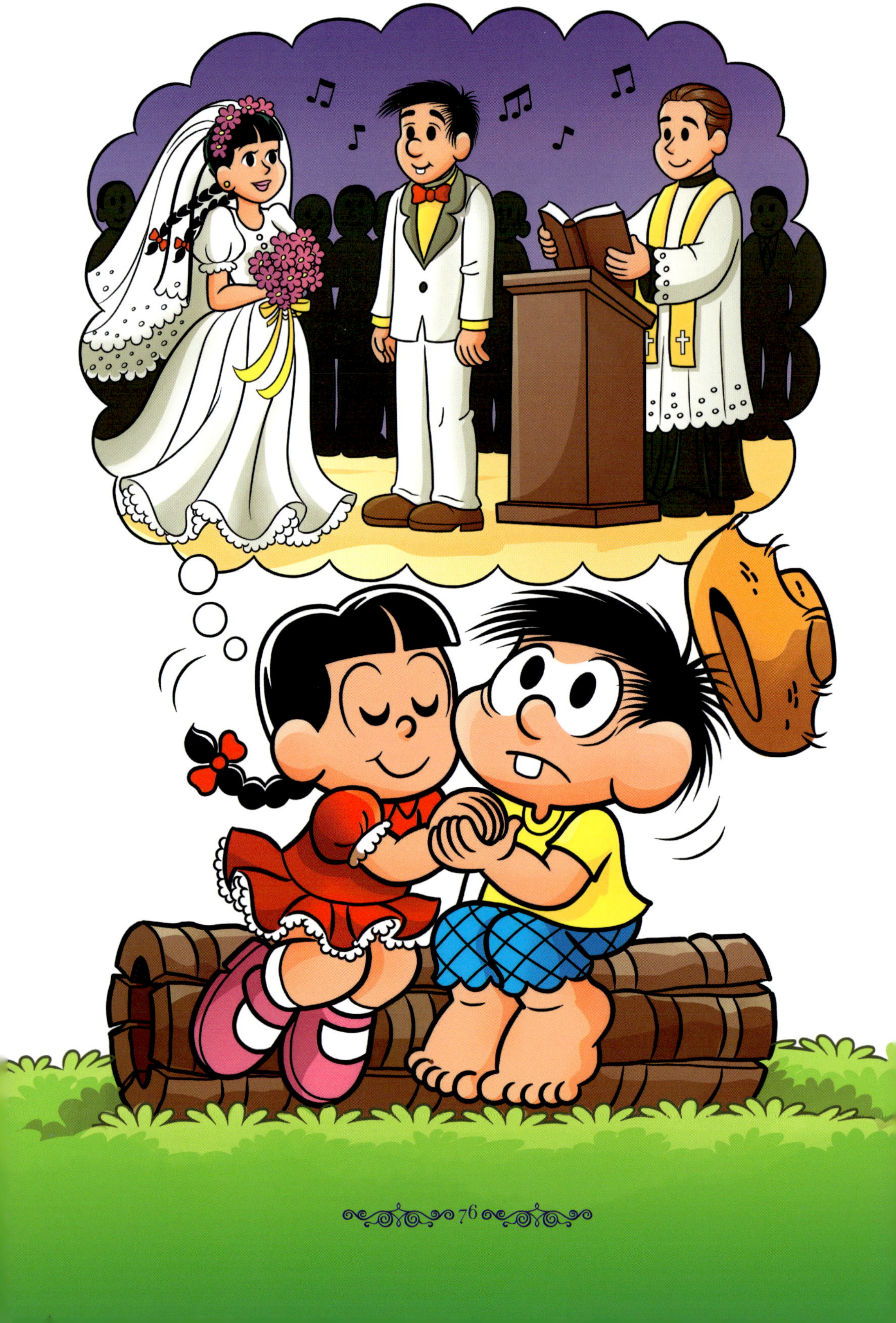

Oração de esperança

Jesus, que nenhuma situação
me faça perder a esperança.

Quando a gente espera, é porque
acredita no melhor futuro possível.

Mas, quando se perde a esperança,
a gente estaciona na vida.

E você, Jesus, não quer ver
ninguém descrente, desiludido.

Eu creio em você, Jesus.

Por isso meu coração
está cheio de esperança!

Amém!

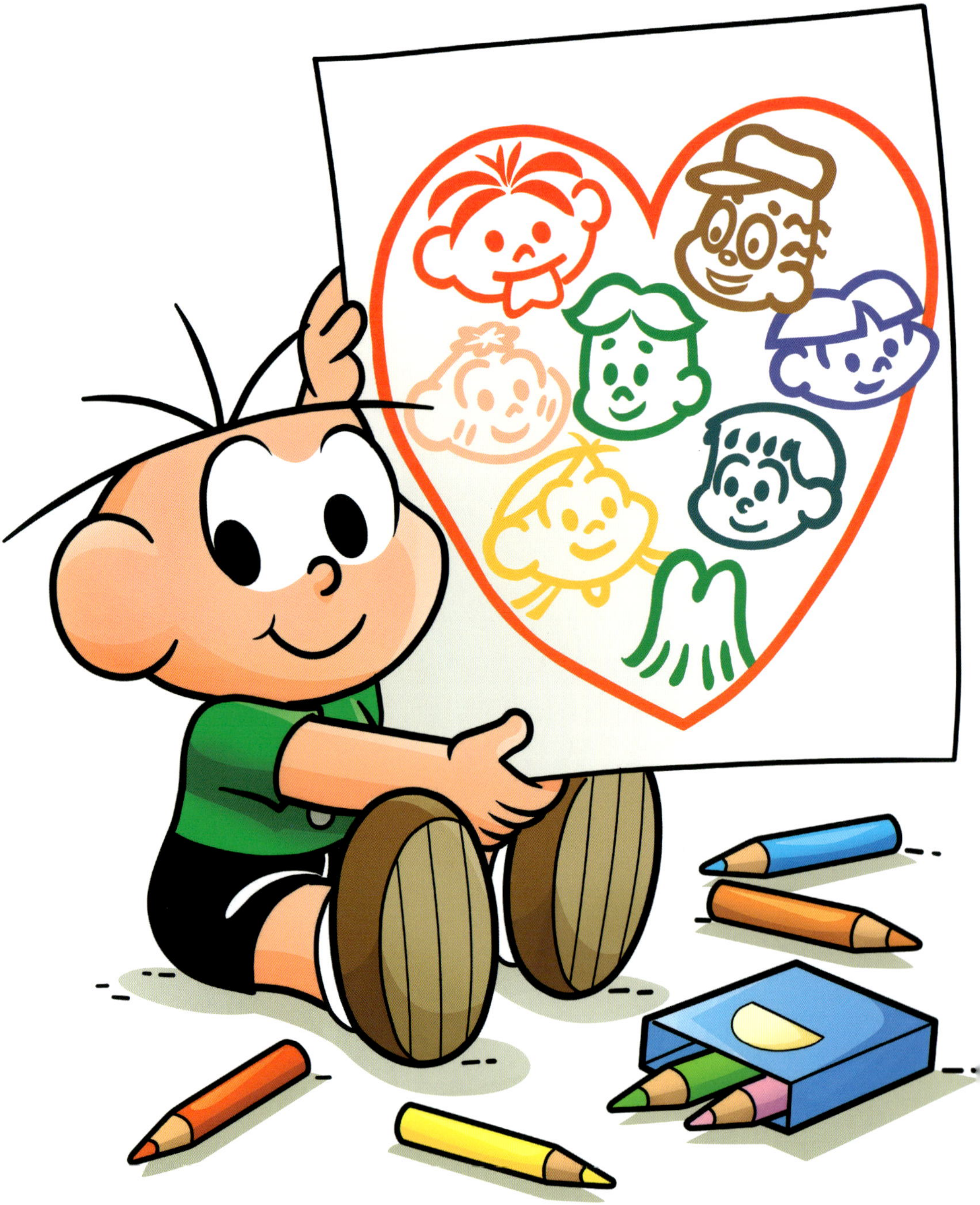

Oração pedindo a graça de amar

Meu amigo Jesus, assim como você nos ensinou, eu faço um grande esforço em amar todas as pessoas.

Eu ainda sou criança, mas sei que somente o amor pode salvar o mundo.

Quando amamos, não julgamos, não condenamos e vivemos em paz uns com os outros.

Eu peço a graça de sempre amar.

Desejo o bem para todo o mundo.

Amém!

80

Oração pelos falecidos

Jesus, você nos disse que iria
preparar um lugar para todos nós no céu.

Eu gostaria de pedir pelas pessoas
que conheço, mas já não vivem entre nós.

Acredito que elas estejam
junto com você, querido Jesus.

Rezo para que estejam bem
e felizes ao seu lado.

Um dia todos nós nos encontraremos
em uma festa sem fim.

Amém!

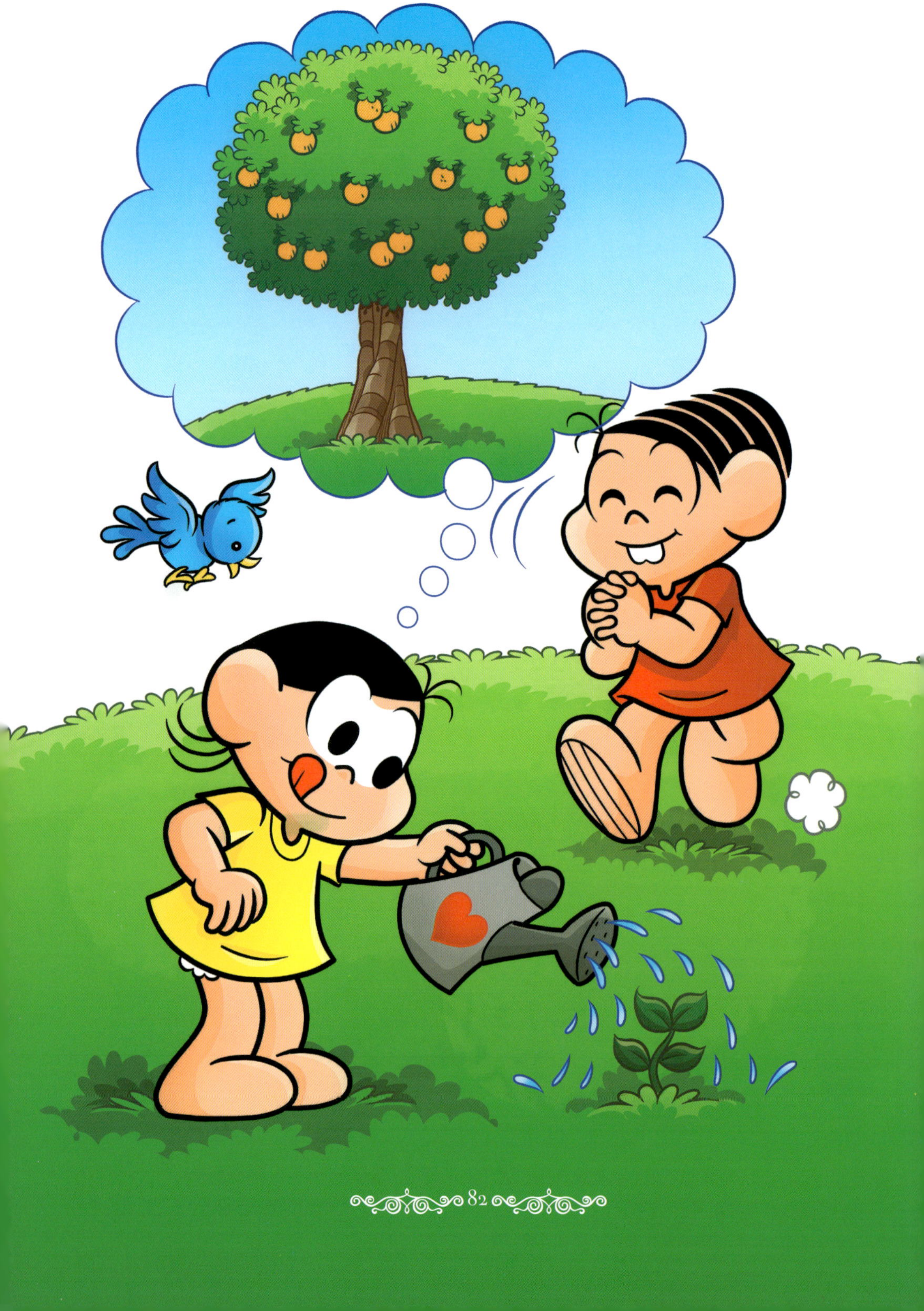

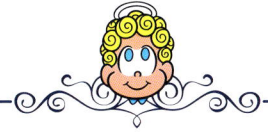

Oração pela natureza

Deus Pai, o Senhor criou tudo.

Todas as coisas são obras de suas mãos.

Eu o louvo pela natureza,
por todas as árvores, pelos rios,
pelos mares, pelas montanhas mais altas
e pelos vales mais baixos.

Agradeço-lhe pelos animais
que dão tanta beleza ao mundo.

Quero ser defensor da natureza.

Vou preservar esta riqueza
e lutar para que ninguém a destrua,
pois nossa vida depende dela.

Amém!

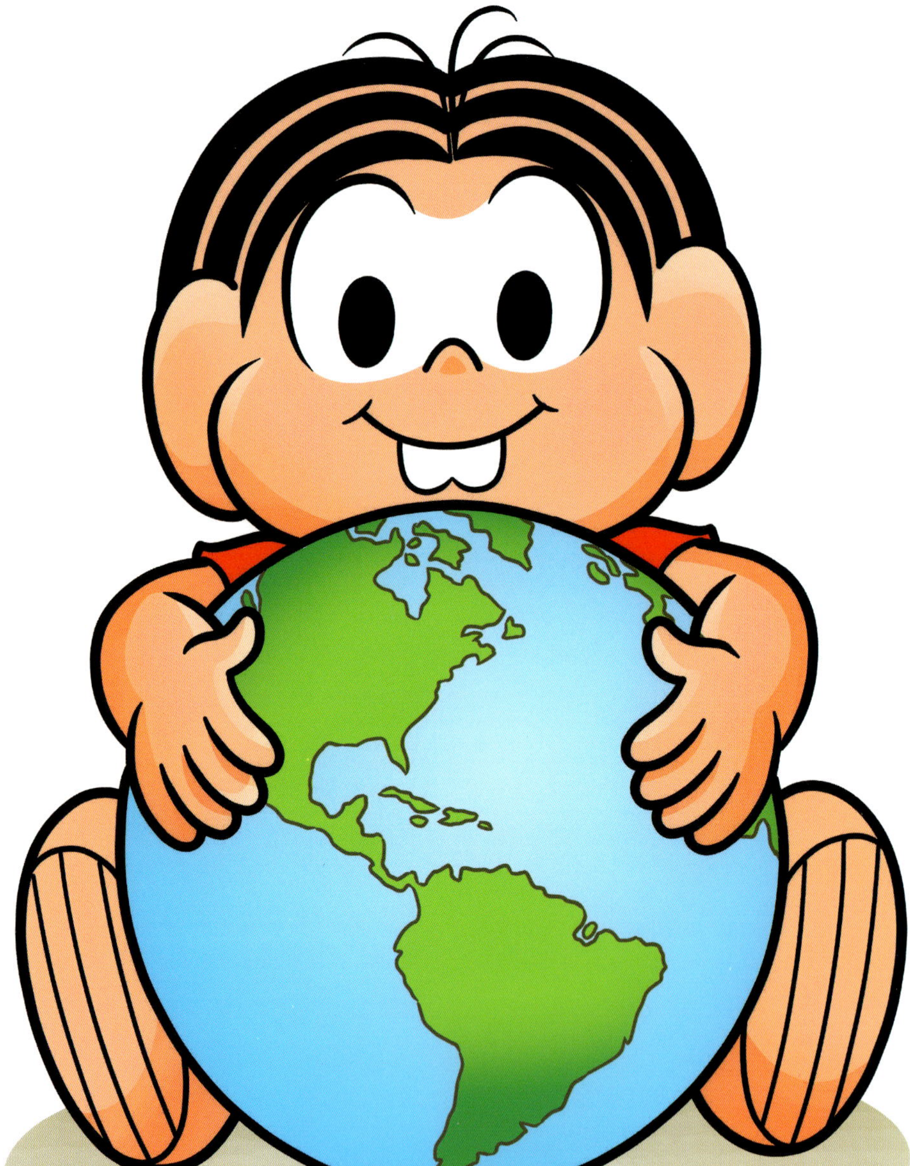

Oração pelos que lutam por um mundo melhor

Pai querido, várias coisas no mundo
precisam ser mudadas.

Falta igualdade,
falta paz, falta tolerância.

O que me alegra é que existem pessoas
que passam a vida lutando
para que a bondade e a justiça aconteçam;
para que a Terra seja, de verdade,
a casa de todos, não de alguns apenas.

Que essas pessoas sejam abençoadas
e me inspirem também
a lutar por um ideal.

Amém!

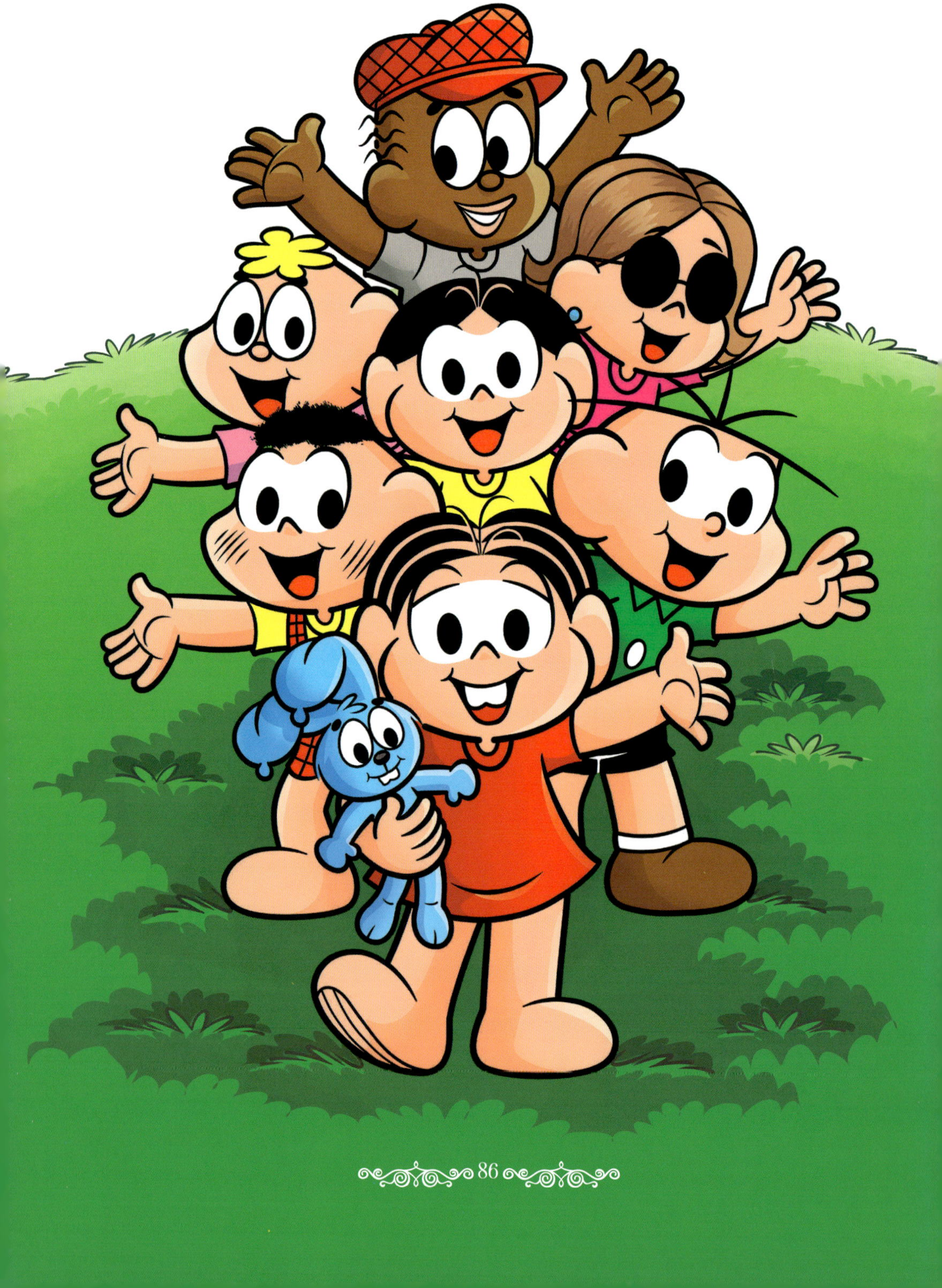

Oração de agradecimento

Senhor, eu lhe agradeço
por estar vivo e pelas pessoas
que fazem parte da minha vida.

Obrigado pela minha família,
por meus amigos, por minha saúde.

Eu o louvo, Senhor, por tudo!

Mesmo diante de situações
as quais eu não consigo entender direito,
sempre serei grato por sua bondade.

Minha vida está escrita em suas mãos.

Por isso vivo feliz e alegre.

Obrigado! Obrigado! Obrigado!

Amém!